ヤマケイ文庫

マタギ

日本の伝統狩人探訪記

Togawa Yukio
戸川幸夫

Yamakei Library

目次

マタギの里　75

マタギ風土記　141

村の歳時記　205

鷹匠——ひとりマタギ　247

雪山をゆく
白岩岳連峰にて（'62年2月／'62年4月）

登山中何度か小休止する。腰をおろしているシカリと話す私

去来する霧の中をゆく。黙々とひたすら進む

真冬の登山は沢ぞいに雪を削りながら進む

マタギたちは急斜面をコナギべらを使って巧みに下りる

雨中雪中の火起こしはマタギの特技。これができなければ一人前といわれない

マタギは雪崩を一番怖れる。登攀ルートを慎重に検討する

春グマを探して雪山をゆくマタギたち

大木の空洞を利用して野営することもある

ブナの幹につけられたクマの爪痕

“十分長嶺”と呼ばれるこの尾根は、マタギたちでももう十分だと音をあげる

春山で一番恐ろしいのは雪崩だ。クマも雪崩れないうちは穴から出ない

雪庇が発達するとカモシカも越せなくなる。やがて雪崩となる

野営地が決まるとマタギは手分けして働く。食料班はノウサギを獲ってきた

他の一隊は木を伐り出してきた。枝は焚き木に。幹は柱と梁に

雪穴を掘り天幕を張る。ぐず
ぐずしていたら日が暮れる。
彼らの野営地設営は素早い

雪洞内での食事。一番楽しい時間である。囲炉裏を囲んで男の話が弾む

雪洞を出たところでマタギ鍋を作る。獲物は瞬時に捌かれ具となり鍋となる

雪洞内は思ったより暖かい。ビニールシートで入り口をふさぎ熾(おき)で暖をとる

冬山の登攀は危険で苦しいが、樹氷林に足を踏み入れるとその美しさに苦労も忘れる

左）人間なら1時間もかかりそうな急斜面をカモシカは10分くらいで登りきった

クマ狩りは忍耐そのものだ。すべてをこの一瞬にかけて……

射手は巨木を背にして何時間もじっと待つ。これを木化けという

狩りを終え、村を見渡せるところまでくると、昔なら「山神さまのおもどりじゃぞーッ」と叫んだが、今でも大声で叫びたくなるという

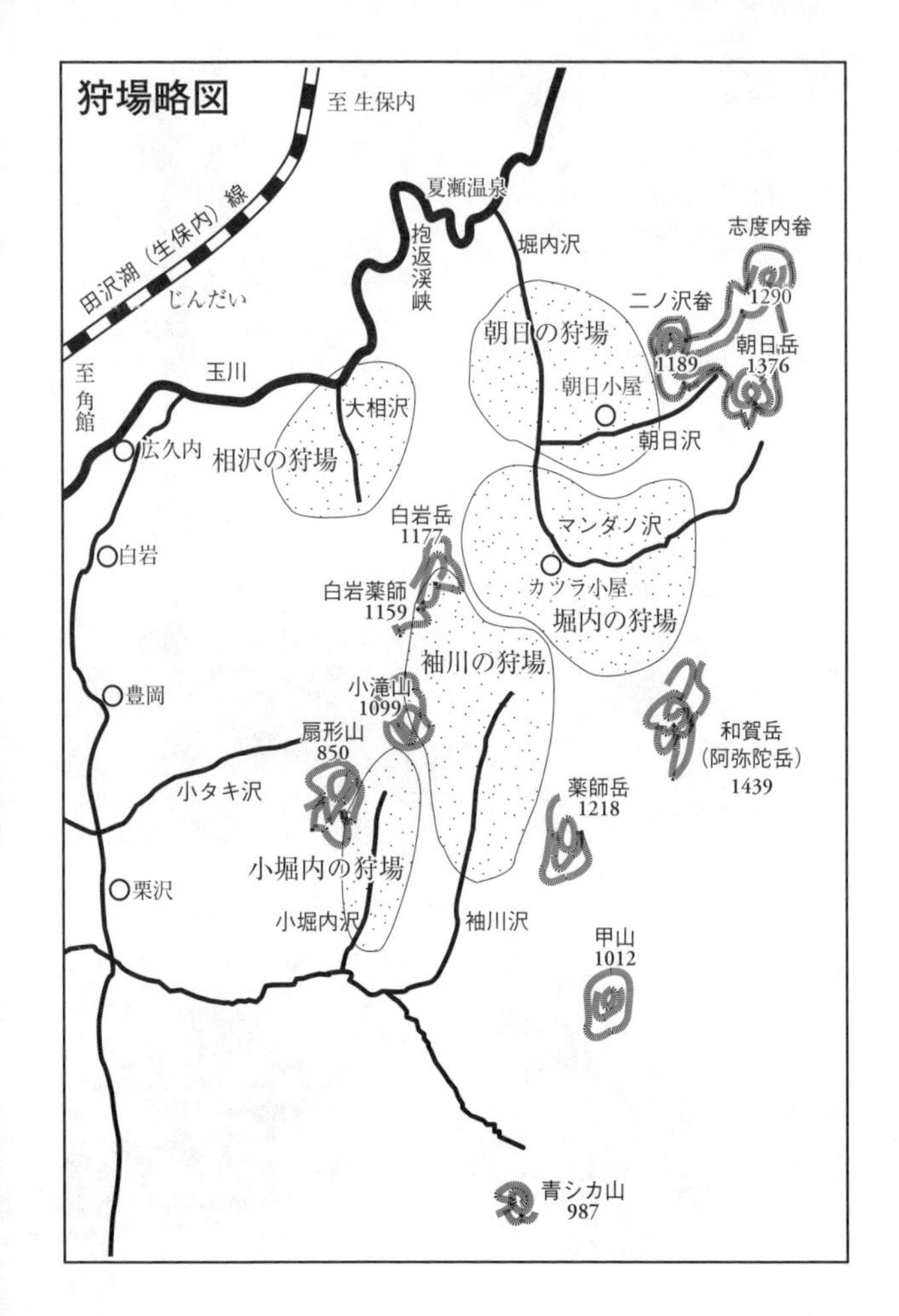
狩場略図
至 生保内
田沢湖（生保内）線
夏瀬温泉
抱返渓峡
堀内沢
志度内沓
二ノ沢沓
1290
朝日の狩場
1189
朝日岳
1376
じんだい
至角館
玉川
大相沢
朝日小屋
朝日沢
広久内
相沢の狩場
白岩岳
1177
マンダノ沢
白岩
白岩薬師
1159
カツラ小屋
堀内の狩場
袖川の狩場
豊岡
小滝山
1099
扇形山
850
和賀岳
（阿弥陀岳）
1439
小タキ沢
薬師岳
1218
小堀内の狩場
栗沢
小堀内沢
袖川沢
甲山
1012
青シカ山
987

クマ巻きの図

左手に立っているのがシカリで、シカリの号令で、勢子も、射手も動作しなければならない。

シカリは、全体がひと目で見わたせるような地点（たとえば向かい山だとか、座の上など）に立って、大声で命令をする。

クマを追うのも、ただでたらめに射手の方に追ってゆくのではなくて、クマが習性に従って逃げてゆくように余裕をもたせなければならない。そうすることによって射手としては、射ちやすくなるからだ

待ちに待ったその瞬間！　冷静そのものだ

木の幹につけられた
クマのカガリ

秋グマ狩り
夏瀬にて（'62年11月）

タツマ（待ち場）に姿を現した！

クマが冬眠した岩穴。風除けのためか石を積んでいる

仕とめたクマを担いで、さあご帰還だ！

帰宅してから獲物の肉を一同で食べる沖
揚がり料理。舌鼓を打ち猟談に花が咲く

狩座にて

マタギを追って

私はマタギたちと共にいく度かクマを追い、カモシカを追って奥羽の山岳地帯を歩いた。そのたびに、もう決して来ないぞ、と思った。苦しいのだ。嶮岨な岩嵓、危険な雪渓、酷しい気候、不自由な生活、殊に都会で、歩くこともなく、贅肉をつけて生活していると、マタギたちと共に山達することは荒行のように苦しい。もう二度と来るもんかと決心する。

それなのに私は、また来てしまうのだ。喘ぎ喘ぎ登って山岳の頂上に立ったとき、やっぱり来てよかったと思う。そして風に鳴る原生林のざわめきを耳にし、尾根に巻き上がる雪煙を仰ぎ、野生動物の姿をカメラで捉えたとき、私の喜悦は絶頂に達する。原始の世界が招く魅力は、私にとってはなにものにも替えがたい。ひとは誰でも畳の上で大往生をとげたいと願っているだろう。家族か知人に見守られて静かに死んでゆきたいと考えるだろう。一生に一度、死というものから脱けきれない以上、その死を平和なものにしたいと願うのは当然である。しかし、私は、雪と氷に閉ざされた山岳地帯で、あるいは流氷の浮かぶ海の果てで死にたいと願っている。一度しか迎えられない死なれば、清浄で荘厳に死にたい――それほどに原始の世界は私をひきつける。植村直己さんがマッキンリーで亡くなられたというニュースを私はアフリカ旅行から帰って聞いた。そのとき感じたことは御遺族には申しわけないが、植村さんは本望だったろうと思った。私は植村さんに前に一度お会いして死について語ったことがあったからだ。だから、どんなに喘ぎ、苦しくて雪道にぶっ倒れても、マタギたちからたった一人とり残されても、私はなおも登りつづけるのだ。私は鉄砲はやらない。カメラを担いで、鳥獣の姿を追うだけである。しかし、マタギと同じく、山を尊び、鳥獣に感謝する心は持ち合せているつもりだ。厳冬の山、早春の山、そして夏の山、晩秋の山――はいつでも美しい。

マタギたちにとって、やはり一番意義があるのは早春から晩春にかけての雪山であろう。峰々を重く、厚く閉じこめていたネズミ色の雪雲に破れが生じ、陽の光もなんとなく柔らかみを帯びてくる。沢々には雪崩の轟音が響きはじめる。

雪は次第に汚れ、厚い層の下からは氷水がトンネルを穿(うが)って、ほとばしりはじめる。フキの薹(とう)だのベコノシタ（ミズバショウ）が芽を出してくる。そのころになるとクマが冬眠の穴から出るからだ。秋田マタギの獲物は、昔はクマ、アオ（カモシカ）、サル、テン、バンドリ（ムササビ）などが主なもので、たまにイノシシ、シカ、カワウソなども獲っていた。しかし今日ではカモシカとサルは天然記念物として保護され、禁狩猟獣となっているし、イノシシ、カワウソなどはこの地方からは姿を消してしまった。ムササビ、テンの毛皮の値は下落した。そこで狩猟といえばクマだけになってしまった。もっとも旧藩時代でもクマはマタギの第一狩猟獣ではあった。

　クマを狩る季節は晩秋から初冬にかけての、冬眠前と、冬眠からさめて雪渓を歩き始める（これを出遊びという）早春から晩春にかけてで、前のをアキグマ狩り、後のをハルグマ狩りという。アキグマは、冬眠に備えてクマたちが山林の木の実を喰べあさるのを、忍んでいって射つことが間々あるが、ハルグマは勢子をつかって巻いて仕とめることがほとんどで、普通クマ狩りというのは、このほうで、豪快である。

　私は仙北マタギの人たちに連れられて幾度か朝日岳や白岩岳に狩りをした。朝日岳という名の高山は日本中にたくさんあり、奥羽にもいくつかあるが、この朝日は磐梯朝日国立公園の朝日連峰ではなくて、秋田、岩手県境に聳える一三七五メートルの朝日岳である。北に駒ヶ岳（一六二七メートル）を主峰とする烏帽子岳、笊森、湯ノ森、笹森、五番森の連峰をひかえ、北西に日本一の深い湖といわれる田沢湖を抱き、角館町の真東に聳える連峰で、モッコ、朝日、阿弥陀、薬師、甲、高下、白岩、小滝と一連の峻嶮な、岩嵓の多い山岳の集団である。

　御承知のように東北地方には日本アルプスのように雄大な高山はないが、緯度の関係で雪が深く、気候が悪く、地理的に開けていないので案外に嶮しい。ことにクマだのサルだの、カモシカだのが棲息する山は非常に嶮岨なのが普通で、朝日岳連峰もそういう地域である。

この一帯に現在棲息する主な野生動物といえば、クマ、カモシカ、テン、キツネ、タヌキ（ムジナ）、アナグマ（マミ）、ムササビ、イヌワシ、クマタカ、ノリスなどで、サルは昭和十三、四年ごろまでいたが、最近は姿を見せないという。

名人マタギの一人、クマとりサン公君の話——。

「まだサルを獲ってもかまわなかった若いころに何十という群が雪渓の上を渡るのを見つけて片っぱしから転がしたことがあった。鼻猿といって先導役のサルを射たずに通すと、後のサルはばかなもんでいくら射撃を加えられても鼻猿に続いて強行突破しようとしてシャ。だから昔から鼻猿は射つもんでないと言ったもんでシャ」

木が根開きするとクマが出はじめるとマタギは言う、太陽熱がまず樹の根に集まって、そこから雪が溶けはじめる。これを根開きというが、このころになるとクマの好物の甲虫類が、樹皮の下から這い出してくるのだ。

冬眠中のクマの胆は太いので、マタギたちは根開き前にクマを獲ろうとして穴を捜して山に登る。

巻狩りまでには、何回かの偵察登山が行われる。そして雪の上につけられた足跡（アンプケトという）を見ていよいよクマが穴から出たことが確認されると、雪が消えないうちに巻狩りを行う。

雪が消えると、足跡が見つけにくくなることと、クマの動きが活発になるからだ。

冬眠からさめたばかりのクマは、やはり寝起きの人間のようにぼんやりしているから射ちやすいのである。

現在のクマ狩りは昔とはだいぶ違ってきたが、それでもマタギ精神と伝統はそのまま生かされている。

昔ならシカリ（指揮者）に引率されて山神社に詣でたあと、穴入れの御神酒をいただいて、水垢離をとり、山に出発したものであるが、いまはシカリの、

「さあ、いくべ」

という掛け声で出発する。荷物担ぎも民主化されて古いマタギも、若いマタギも一様に重量を分けあって各自が背負う。鉄砲がよくなっているので槍などは持参しないが、藪を切り払ったり、万一のときのために山刀は各自が腰につけている。そのほか設営のために鋸だとか、鉈は持参する。雪を歩くために雪箆を持つ、こういったことは昔のままだ。環カンジキや金カンジキも持つ。死火産火の忌みも今日では問題にするものもなく、狩衣もスキーズボンや、防水したアノラックだ。犬の皮だけは昔の慣習に従って背負う。慣習というよりも実際に必要だからで、以前だとカモシカ皮を使ったものだ。カモシカの毛皮は

温くて、水に湿らないから雪山では最上とされていたが、カモシカが特別天然記念物になって捕獲が禁止されて以来、この毛皮を着ていたら警察に痛くない腹を探られるので、いまはマタギたちはいずれも秋田犬の皮を使用するようになった。かえって都会から来る登山者やハンターたちの方がカモシカの腰皮などを用いている。

アルコール類も、少量は元気づけのために持参するし、罐詰類も持ってゆく。ことに最近はインスタント食糧が出まわったので、これを利用するようになった。以前は禁じられていた胡椒類も持ってゆくし、仕とめたウサギの肉でカレーライスも作る。

藁靴や毛皮靴に代ったのがゴム長だ。最近ではスキー靴や登山靴をはく者もいる。三月末ごろの雪となると、昼の太陽熱で溶けたのが夜の寒気で凍るので、ザラメ雪になっている。朝のうちは歩きよいが、日が出てくると辷(すべ)る。そのうえ、表面は硬そうにみえても内部が溶け崩れてがらんどうになっているところが多いので、用心しないと危い。渓流は雪どけで水量が増している。マタギたちは岸の木を伐り倒して橋として、身軽に対岸に渡ってゆく。

里では花の咲く春であっても、山に入ればまだまだ雪の世界なのだ。滝もほとんど凍りついているし、ひとたび吹雪けば、たちまち樹氷の花が咲く。

樹氷といえば、凍りついた原生林を歩くすばらしさは、冬山や春山を歩いたものでなければわからない。

子供のころに水晶の宮殿に住んでみたいなどと空想したものだが、樹氷の森、霧氷の林はまさに水晶の森、ダイヤモンドの林である。昨日の吹雪にすっかり凍りついた樹々が青空にくっきりと枝をのばし、それに太陽の輝きが映えて、七彩にきらめくのだ。

水晶の森を抜け、ぎらぎらと乱反射する雪の尾根を越えて、谷に下る。

殺生小屋（狩小屋）はたいていそういった渓谷にある。炊事に必要な川水の関係からだ。朝日岳の朝日沢にある朝日小屋、白岩岳と阿弥陀岳の中間にある桂小屋など、その代表的なものである。

小屋のないところでは、野宿となる。小屋といったところで、四本の柱に樹皮がかぶせてある程度の粗末な小屋だから、野宿とほとんど変らないのだが、やはり小屋に落ちつくと野宿とは気分が違う。

雪の多い厳冬期の野宿だと、雪の中に穴を掘って寝る。私も扇形山（おおぎがたやま）の小滝沢の凍りついた滝壺の傍で雪洞に四日ほど野宿したことがあるが、割合に暖かいものである。

昔のマタギは、雪洞の中に青木の枝を並べて、犬皮をかぶってごろ寝したものだが、近ごろはハイカラになって寝袋（スリーピング）などを持参する者もある。

私が小滝沢の雪洞に宿営したのは昭和三十七年の一月のことだった。このときのシカリはクマとりサン公君こと、仙北マタギの藤沢佐太治さんで、参謀役は仙北長野町に住む黄金のコイの研究家、高橋武次郎さん（故人）だった。

その日は、もっと上まで登って設営する予定だったが、山が荒れててどうにも登れない。昔ならサン公君がオコゼをとり出して、唱え言葉を言うところだろうが、彼はあっさり、
「無理するこたぁねえシャ。この辺サ、すまる（寝る）べ」
と言った。しかし、雪洞を作る場所については、念入りに調べて、雪崩のこないと見きわめのついた川岸に場所を定めた。彼の命令で、若いマタギが三人交替で、スコップをふるった。

マタギたちの野営地設営はすばやい。ぐずぐずしていたら日が暮れてくる。山の夜は早く、そして真の闇になるからだ。

一同は分業でてきぱきと働いた。一隊は木を伐って枝を払い、たちまち柱と梁（はり）を作った。他の一隊は火を起こした。そしてさらに他の一隊は鉄砲を持って、食糧を探しにでかけた。私たち都会から参加した者も、なにか手伝うことはないかと思ったが、かえって足手まといになるので、黙って見ているしかなかった。

マタギの火起こしの技術は天下一品である。私は幾度もこれをまねて、そのたびに失敗した。彼らはどんな雨の中でも、吹雪の中でもちゃんと火を起こす。これができないようではマタギとしての資格はないのだろう。

例えば雪の中で火を起こすとき、彼らはこうする。かなり大きな木を伐り倒し、それを一メートルぐらいに切って並べる。その上に油っ気の多い白樺の皮や、タモの皮を敷き、

さらにその上に小枝を置く。立ち枯れた木を割って、湿っていない内側を削って白樺の皮の上に置き、火をつける。火が起こると一抱えも二抱えもあるような大木を立てかけてどんどんと燃やす。一昼夜でも二昼夜でも、野営している間中燃やし続ける。こんな豪勢な焚き火は私はほかでは見たことがない。しかし、山火事になることを極度に警戒しているから他に燃えうつるようなところではしない。火はばりばりと燃えさかり、雪穴を穿ち、終いには黒々と大地が現われる。燠がカッカッと起こる。そのころには、もう五、六坪大に雪洞が掘れている。深さは二メートルぐらいだ。柱をたて、梁を渡し、持参したタバコ苗畑用のビニール布が張られる。周囲を、風が侵入しないように雪レンガで固め、別に出入り口を雪壁に穿つ。

食糧探しの隊はノウサギだのヤマドリだのを射って戻ってくる。炊事の上手なマタギがたちまち料理して一時間もたたないうちに汁になる。雪洞の中には囲炉裏がきられる。雪の床に穴を掘って、生木の丸太を並べ、その上にブリキ板などを敷き、燠をざっと入れる。不自由ではあるが、こうした野営での食事はすばらしく美味い。昔と違って鍋にはウサギの胎児を入れたりはしないし、満腹すれば食べ残しても文句はいわれない。

食事のあとの燠を囲んでの炉辺談話がまた面白く、愉しい。昔のマタギのこと、野生の動物の話、山の怪異談、失敗談、さてはぐんと落ちて猥談の花も咲くし、アルコールが入れば秋田民謡もとび出す。昔だったらすぐにサンダラゴリ（水垢離、雪垢離）をとらされるところだ。

木の細枝を雪の上に敷き、常緑樹の葉をさらに重ねてベッドができ上がると、あとは夢を結ぶばかりだ。トランジスターラジオが、明日の天気を告げてくれる……。

私は仙北マタギであるこれらの人々と三たび朝日、白岩連峰に登った。彼らはいずれも以前ならマタギだけで十分に生活してゆけた人たちだが、社会の発達がそれを許さない。だからこの人たちも阿仁マタギ同様それぞれ職業を持たねばならなかった。それがなんだか悲しい。

名人サン公さんは農業で、奥さんが理髪店をやっている。やはりシカリ級の万六爺さんも農業だ。伍郎さんは天理教の布教師である。歌のうまい宇佐美さんも農業、名勢子長のタカシュウは山林で働いている。孫一ちゃんは魚屋さん、髭口君は製炭業、ジデンは自転車屋さん、マタギ学校の校長と自称するカネデンさんは土建業、高瀬の兄つぁんといわれる高橋さんは錦ゴイの研究家で、自らはザッコ（雑魚）屋だといっている。明大出のインテリマタギでラグビー選手だっただけに馬力がある。しかし、それも二十数年前の話だ。高橋さんが亡くなったように他にも故人となった人がいるかもしれない。

クマの行動

三月の末から四月初めにかけての雪山は、雪崩の轟きが絶えず響いている。雪庇(ふっかけ)は大きくのしかかって突きだし、いたるところに亀裂を生じている。雨が降り、太陽が照らし、暖かい南風が吹いてくる。雪庇はますます口をあけはじめ、ちょっとの振動にもすべりだそうと待ちかまえている。この頃が一番おそろしい。マタギが春山で最も注意するのは雪崩なのだ。

ところで山の動物もそのおそろしさをよく知っている。クマたちはあらかた雪崩が終らないと冬眠の穴から這いだしてこない。

穴から出るにも順序らしきものがあって、それを阿仁マタギはこう言っている。

『一にウゲヅキ、二に二セ三ゼ、三にナミモノ、四はオオモノで、五つ遅いがワカゴモチ……』

ウゲというのは二歳仔のことで、クマはわが仔が二歳になるまで連れて歩いている。仔グマは二歳の冬眠まで母親に抱かれて乳を吸う。二歳といえばかなり大きく、これに乳を飲まれて、自分はなにも食べないのだから母グマは非常に痩せ、腹を空かせている。だから春になって食物が現われだすのを待ちかねて穴から出てくる。ウゲがついているクマが一番さきに出てくるというのである。次に出てくるのが二ゼ（二歳）でも母から離された牝の仔グマ、それに三ゼ（三歳）グマ。つまり育ち盛りの若グマだから食欲も旺盛なのだ。

三番目が七、八歳になった普通（ナミモノ）のクマ。それからオオモノ（大クマ）となると悠々と出てくる。大物というのは三十貫（百十二・五キロ）以上のクマをいう。そして一番遅く出てくるのは、その冬に赤ン坊を産んだクマ、即ち若仔持ちの母グマだと言っているのだ。若仔持ちが穴から出てくるときは、赤ン坊グマは生後二十日からせいぜい一カ月ぐらいなので足が弱い。この仔グマたちがよたよたと母親について歩くようになるにはかなりの日数を要するので、赤ン坊の足が丈夫になるまで穴に籠っているというわけで、こういった牝グマは前の年に穴ごもりするときも、雪が遅くまで残る山の北側を捜すといわれている。

冬眠はクマの一大特徴であるから、もう少し詳しく述べてみよう。

秋になって山に木の実がみのるころになるとクマはもの凄く大喰いになる。もともと大食漢の動物だが、冬眠を控えてるだけに特にそれがひどくなる。山形県高畠の狩人椿吉雄さん（故人）が村のクリ林を荒らしていた秋グマを射殺して、解剖してみたら五升（九・〇一九五リットル）バケツ二杯分のものを喰っていたと私に話してくれたことがある。

秋の山にはナラの実やシイの実、ヤマブドウ、アケビ、ドングリ、トチの実、ヤマグリなどが実るのでこれをとって喰っているが、特にクリとトウモロコシが好物なので、その誘惑に耐えられなくなって里に降りてくる。台風などで山が荒らされたりして、木の実が不作のときは特に激しい。なにしろ四、五カ月も絶食しなければならないから十分な体力をつけておかないと餓死してしまう。大食になるわけで、だからクマに荒された果樹園などは見るも無残だ。クマは木に登り、太枝にまたがって細枝を掻きよせてはポキポキと折って喰うので、一度襲われた木は一、二年は役に立たないほどぼろぼろにやられてしまう。

食べ方もいろいろで、ブドウ畑では立ち上がって前足を棚にかけ、ぶら下っているブドウの房を背の届く高さでかみ切るが、クリだと前足で木の幹をしっかり抱き、後足で突っ張って爪を立てて登ってゆく。降りるときは幹を抱いて滑り落ちるので爪のあとがすごくついている。クリの実は枝を折り叩き落として喰う。クリのイガなどは掌で押し転がし、実を上手にはじき出すのだが、ナラだと枝をひき寄せて食べる。近くの枝からだんだんと自分のほうに折り曲げては喰って、食べ終るとそれを尻の下に敷いて、また別の枝をひき寄せる。だからクマが腰をかけた太枝には折りまげられた枝が重なって、ちょうど鳥の巣のようになっている。それで山の人はこれを「クマの櫓（やぐら）」と呼んでいる。中にはクマの巣だと思っている人もいるが、もちろんクマは鳥のような巣はつくらない。

さて、山に雪がきて、その白銀の粧（よそお）いがだんだんと下がってくると、クマはいよいよ冬眠の時が近づいてきたことを知り、最後の仕あげにかかる。もうその頃は、脂肪がのりきっていて永い間の絶食と寒気にも耐えられるようになっている。

クマの冬眠はヘビやカエルの冬眠とは性質が違って、仮死状態になっているのではないから、吹雪で穴がふさがれば出てあけるし、人や犬に脅かされると穴からとび出してくる。クマには犬のような綿毛が生えないから冬眠もなかなか大へんなのであろう。天候不順の年などで、山の木の実や畑のものが不作の年は、クマは冬眠に十分な体力がたくわえられないので、雪がきてもまだウロウロしていることがある。豊作の年は山奥に、不作の年は里ちかくに冬眠するといわれるのもこんなことのためだろう。

しかし普通の年なら根雪がくるころにはクマは準備を終えて穴入りを待っている。秋田では、穴に籠るのは十二月の初め、暖冬で雪が遅いときは、一月になってから潜りこむこともある。

穴に入る前にクマはトドマツやブナなどの木の幹をかじっている。狩人の中には、これはクマが冬眠中体内の栄養を出さないために樹のヤニで肛門をかためるのだ、という者もいるが、そんなことはない。これはカガリと呼ばれるクマ族独特な習性である。なぜそんなことをするのか？　ある人はクマのテリトリイ（縄張り）の宣言だろうと言っている。冬眠する穴が自分のものであるということを、仲間に知らせるものだ、と言っているマタギもある。

しかし、クマは穴に入る前だけでなく、穴から出たときも、このかじりをやらかすし、その穴に次の年も続けて入るという例は非常に少ないのだから、この説には納得ゆかない点もある。

ただ、カガリをすることだけは事実で、秋にするのを「入カガリ」春につけるのを「出カガリ」と呼んでいる。

カガリのかじり方は、穴に入るときは穴に向かって進みながらかじるので、そのかじり方で穴のある方角が、老練なマタギならわかる。穴がまだ遠距離のときは、物見でもするのか、クマは木の梢に上がってかじったりしているが、穴が近づくにつれて低くなり、且つ咬み方が弱くなっている。遠いところでは木の皮を剝ぎとっていたのが、終いにはちょっと歯あとをつけただけくらいになる。そうなると穴が近い。

出カガリのときは、入ったときのカガリを順になぞってゆくといわれ、「木戸サむじる」とマタギたちは呼んでいる。カガリと同じく、冬眠の前後に、クマは穴からそう遠くないところで柴などを折りまげ、その上にじっとしている。この様が東北の幼児を入れる守籠のイヅミ（エヅミ）という藁で作った容器に似ているところから「イヅミをかく」といわれ、冬眠前のを秋イヅミ、冬眠後のを春イヅミと呼ぶ。

　これは毛を干すためだといわれていたが、そうではない。秋イヅミは冬眠しようとする穴が安全であるかどうかを観察するためのもので、いわば敵状偵察である。だから秋イヅミは一カ所でなく、穴に近く数カ所に目立たぬように作っている。春イヅミは冬眠中の関節のしこりをとるための足ほぐしで、柴を厚くねじまげ、木の皮をはいでその上に横たわっている。春イヅミは平均して穴から四〇メートルぐらいのところにあり、穴から出たり入ったりしている。これが「出遊び（であし）」で、足が慣れると「岳越え（だけご）」をしてもう穴には戻ってこない。

　クマが冬眠する穴もいろいろある。ジアナ（地穴＝地面にある穴）、イワナ（岩穴＝岩窟に自然にできた穴）、イシアナ（石穴＝石にかこまれたジアナ）、フカブリ（土をかぶっている木の穴）、アオリ（山の傾斜面に生えた大木が、雪の重量でかたむいて根にゆるみが生じているところに作った穴）、タカス（高巣＝大木の中が空洞になっていて、上の方に穴があるもの）、ネダカス（根高巣＝大木の空洞で、根に口が開いている穴）などで、同一の穴には毎年は入らない。警戒のためだろう。

　仔づれのクマは嶮（けわ）しい穴でなく、陽当りのいい、近くに食物の多いところを選ぶ。

　また、クマ穴には枕石（まくらいし）といって、クマが冬眠中に枕にする石を運んでいるなどといわれたものだが、これは嘘だ。ただ風除け、雪除けに石をもってきて穴の口を塞いでいることはある。

妊娠した牝グマは冬眠中に出産する。たいていは二頭を産むが、年をとってくると一頭のようだ。赤ン坊は牝牡だといわれるが、その率が多いというだけで必ずそうだというのではない。

穴から出るのは四月下旬で、母グマは仔グマをつれて食物探しをする。この頃の母グマは一番おそろしい。

クマのイチゴ放しといって、仔グマが二歳になって野イチゴが実るころ、母グマはイチゴを食べるのに夢中になっているわが仔（ただし牝の方）を捨て去る。仔グマの方でついてきたら追い払う。牡の方は三歳まで傍に置き、これと交尾することもあるといわれている。従ってクマの牡は母親によって男にされるわけだが、果たしてマタギのいう通りか、この点については私は確認していない。

謎だといえば、クマの交尾の季節もまちまちにいわれているが、四月十日ごろに交尾しているクマを獲ったことがあるとサン公君は言っていた。また四月ごろに生れたと思われる仔グマを生捕りにしたこともあると語っていた。それから考えると、クマの妊娠期間は一年近いということになるが、どうであろう？

クマの習性について、誤まり伝えられているのはニッポンツキノワグマ（ここでいっているクマのことである）は北海道のヒグマと違って雑食性なので、動物を襲撃して喰ったりはしないということである。

私が去年の秋、阿仁の打当(うっとう)を訪れたとき、クマに襲われて角を折られ、尻を傷つけられた牛を見た。栃木沢の高堰勇蔵さん飼育の六歳の牝である。この村では秋になると森吉(もりよし)山麓に牛を放牧することになっていた。

十月の初め、戸鳥内(ととりない)の高堰進さんの四歳になる牝牛が急に見えなくなったので捜していたら、皮を少し残しただけの喰い荒らされた死骸が見つかった。それから石田頼太郎さんの二歳の牡が殺され、三度目にこの牛が襲われた。この牛は勇敢に闘ったので助かったが、クマも傷ついて逃げ去った。

シロビレタタケ！

さてクマ狩りの話だが、狩場につくとシカリがどこの沢を巻くとか、どこからどっちの方に追うとか射手の配置などを決める。

巻狩りの方法にもいろいろあって、それは、山の地形やそのときの条件でシカリが決める。

巻狩りの方法を大別すると次の二つがある。

クロマキ（押し巻き）＝クマが潜んでいることを確認しないで行う巻狩り。

デマキ（見巻き）＝足跡などでクマがいるのがわかってやる巻狩り。これには次の三つがある。

ヨコマキ＝射手が山の尾根と麓の方に立っていて、山腹を横にクマを走らせる追い方で、めったに行われない。

オロシマキ＝山頂の方から下に向けて追い落としてゆき、射手は下で待っている方法。
ノボリマキ＝オロシマキの逆で、射手が尾根の方に待ちかまえていて、下の方から勢子がクマを追いあげてゆく。これが一番ふつうに行われている。

クマに限らず野獣は太陽の下に身をさらすということを嫌う。ことに追われている場合はそうで、身体が暴露すれば、敵に発見され襲われやすいからである。また野獣には、それぞれの習性があり、彼らの歩く道も決っている。クマはクマの道、カモシカはカモシカの道、サルはサルの道があり（これをけものみちという）、山の中をでたらめに歩いているのではない。よほどせっぱ詰らない限り、予想外のところには走らない。こういった習性や地形をシカリはちゃんと心得ているから、あの広い山岳地域にいる獣を、僅か数人の人間で追いつめて仕とめることができるのだ。

逃げ方にもいろいろあって、クマはまっすぐ尾根に登ろうとするし、カモシカは尾根の肩を斜めに乗り越えようとする。イノシシは山麓へ走るし、シカは川に逃げる。だからクマの場合ノボリマキが一番かれらの習性に合っているわけである。野獣でも、山登りは苦しいから、楽な地形をたどりながら登ってゆく。青木（常緑樹）の茂った山襞などに姿をかくしながら、クマは尾根へ出ようとする。クマでもカモシカでも雪崩の起こりそうな危険な場所はめったに歩かない。ノボリマキがいいもう一つの理由は、登ってくる方が、降りるよりも速力が遅いから射ちやすく、また射手にとって危険が少ない利点がある。

クマは沢の繁みなどに潜んでいることが多い。クマの姿は確認しないが、雪の上に沢に向かったらしい足跡（アシブケト）（単にト、またはトアトともいう）を見て、この沢にいるだろうと巻いてみるのをクロマキ（押し巻き）。双眼鏡などで姿を確認してからやるのをデマキ（見巻き）ということは述べたが、やり方は研究しつくされているので、昔の方法とほとんど変らない。

昔はシカリが向かい山などの全体が見とおしの利く場所にいて、山言葉で号令をかけたものだが、いまはめったにそれをしない。シカリも一緒になって射つ場合が多い。

射手の配列をマツマエ（待つ前？　イノシシ猟師などではタツマと呼んでいる）といい、一番、腕の確かなマタギが、最もクマの逃げてくる可能性のある地点に構えている。これを定方（じょうほう）の鉄砲という。昔は一の射場（ぶっぱ）とも言った。定方の鉄砲の向かって左側に配置された射手を川上（かがみ）の鉄砲（二の射場）、右側の川下（かしも）の鉄砲（三の射場）と呼ぶ。射手はもっと多い場合もあるが、川上、川下の呼び方は変らない（四の射場、五の射場という呼び方はする）。さらにクマが横にそれないように尾根の下の方に立っている射手がいる。これを抱えの鉄砲（または受け）という。

勢子は押子（おしご）（昔はヒゴ）と呼ばれ、勢子長はシカリの次ぐらいの力のあるマタギが選ばれる。それは勢子の役目が極めて重大だからで、勢子が下手だと獣はみんな横にそれてしまう。

勢子が上手ならば普通三人くらいで、マチマエの方に追い出してくる。オオモノのクマなどになると狡(ずる)くて、かえって勢子の間を突破して反対側に逃げたり、木の洞(ほら)などに匿(かく)れて出てこなかったりする。勢子はそれを計算に入れて追い立てねばならない。勢子と勢子の間隔は約二〇〇メートル、一列に横に並んで押してゆかねばならないが、沢あり、滝あり、藪ありで、地形が一様でない上にお互いの姿が見えないから、どうしてもチグハグになる。そうなると獣に包囲網を破られることになる。マタギになりたては、この勢子からやらされる。山を覚えさせるのと、勢子の呼吸を知らせるためで、勢子をやったマタギでないとタチマエが立派につとまらない。

いよいよ巻狩り開始となる。巻きは目的の沢の二つも三つも向こうから巻いてゆく。合図鉄砲といって巻狩り開始を告げる勢子長の鉄砲が響く。さあ飛び出してくるというので射手たちは定められた場所に微動もせずに待ち構える。これをマタギは「木化け」といっている。大木や岩を背にして、その前にじっとうずくまっていると、広い大自然の中にあってはその一部に溶け込んで目につかなくなり、獣の方で近づいてくる。動いてはだめだから、雨が降ろうが、雪が降ろうが、二時間でも三時間でも獲物が現われるまでじっとしていなければならない。狩りとは忍耐である。

勢子は、ホーリャ、ホーイ、ホーレ、ホーイと叫びながら押してくる。ときどきは鉄砲を射つ。脅(おど)し鉄砲という。

シカリは（昔なら）その模様を向かい山から見ていて指図する。二番の押子は前に出すぎてる。三番はもっと早く出ろ、といった具合である。

向かいから見ていると逃げてゆく獲物が見えるからだ。

獲物がどこのマチマエに走ってゆくかを見とどけると、シカリはさらに大声で怒鳴る。

「イタズ（クマの山言葉）出たッ！　抱え、ナレ（叫べ）！　川上、シロビレタタケ（鉄砲を射てッ）！」

といった塩梅だ。

こういった指揮官を目当というが、今日では（ないことはないが）あまり行われていない。

昔は火縄銃などを使っていたので一発射つと続けて発射ができないから、クマ槍を持って立ち向かったもので、槍の使い方は押し刺しといって刺したら押しつけたままにする。武士の槍のように突いた槍を手もとに引いたりするとクマにかかられるからだ。クマが死ぬと仕とめたマタギは、

「勝負ッ！」

と叫ぶ。ショーブ声といって、武士が戦場で叫ぶ手柄首の叫びと同じ意味である。いまは勝負声などださないが、それでもクマを転がすと、

「勝負あったかッ？」

と、ほかのマタギたちがたずねたりする。

巻狩りが終るとシカリは、そのクマの解剖をその場でした。山神さまに感謝し、次の獲物を授けて下さいという唱え言葉を唱えながら作法通りに解体したもので、ケボカイという、その肉を串に刺し、手でもったまま火に焙（あぶ）り、山神に捧げたものであったが、いまは行わない。

カモシカは今日では狩らない。しかし、まだ天然記念物に指定されない以前はクマに次ぐ狩猟獣として、珍重されていた。

というのはカモシカは、毛皮が上等で肉が美味だからで、宮城県白石（しろいし）市の弥治郎の山神堂やその他の山神堂には、カモシカ猟の絵馬が奉納されている。白石の絵馬には二十一名のマタギが描かれ、一人一人の名が誌されている。ずいぶん多勢で出かけたものらしい。今日でも厳重な監視の眼を盗んで、カモシカの密猟が行われているが、やはり以上の理由からで、困ったものである。

グラフ（P.7—21）の写真は一九六二年の二月扇形山で撮影したものだが、三日荒れ通した吹雪のあとで空は美しく晴れていた。

カモシカは烈風を避けて、沢を越えた向かい山の傾斜面に雪穴を掘り、シェパードのようにうずくまって寝ていたが、私たちの姿を見ると、うるさい連中が来たな、といった顔つきでゆっくりと立ち上がり、大きく背のびしてから尾根の方に登っていった。彼我（ひが）の距離は三〇〇メートルほどであっただろう。人間なら一時間もかかりそうな尾根まで十分で登った。さすがカモシカだ。

何十年マタギをしていても、狩りを終えて山を下り、村が見えるところまで来たときは嬉しいという。

昔なら、ここで、

「山神さまのおもどりじゃぞーッ」

と叫んだ。山神は常にマタギと共に在ると信じられていたからだ。

マタギの風土

奥羽山脈は東北地方の背骨として南北に走り“奥羽の大屋根”といわれている／秋田・岩手県境に聳える白岩岳より駒ケ岳を望む（'62年4月）

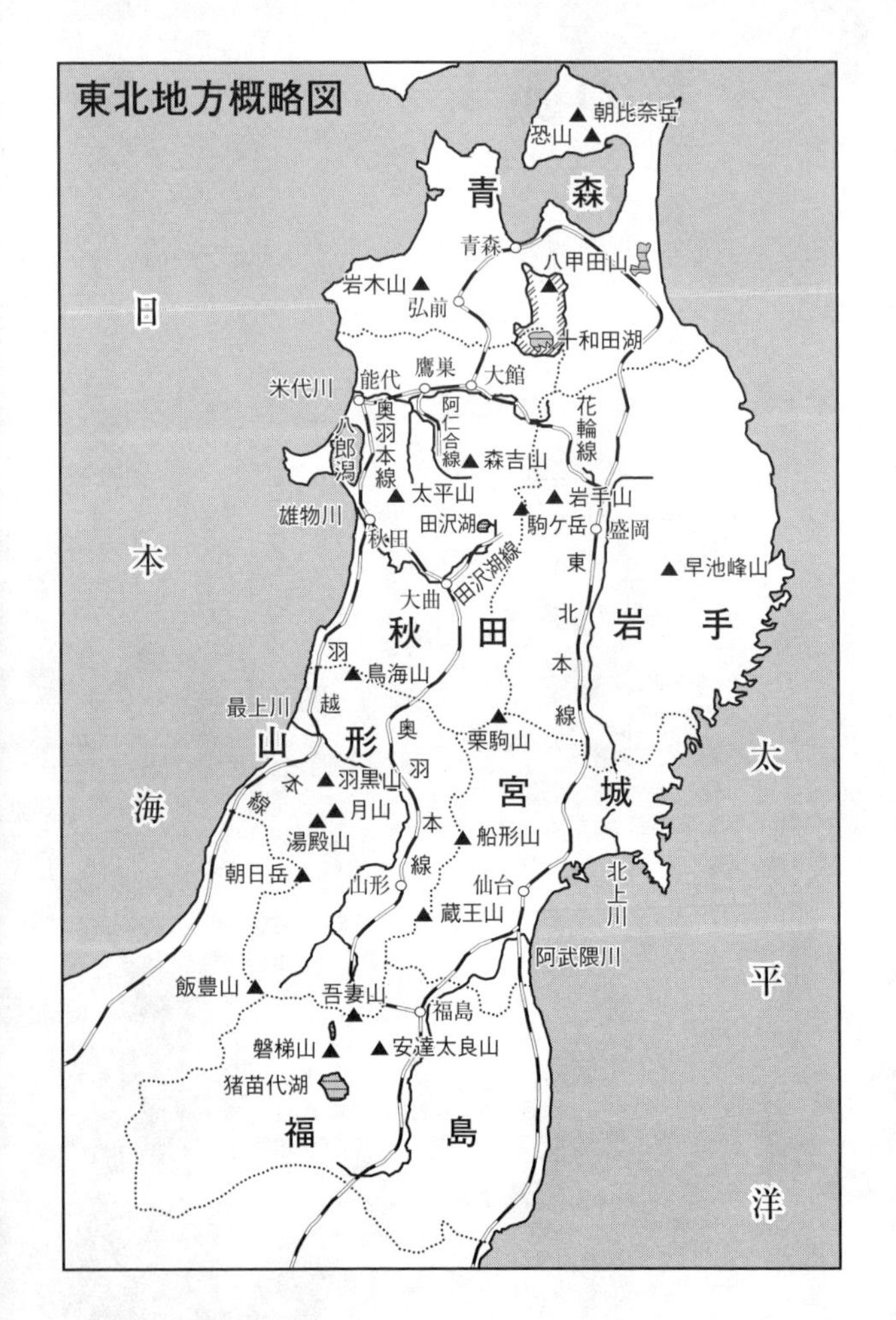
東北地方概略図
朝比奈岳
恐山
青
森
青森
八甲田山
岩木山
弘前
日
十和田湖
鷹巣
能代
大館
米代川
奥羽本線
阿仁合線
花輪線
八郎潟
森吉山
太平山
岩手山
雄物川
田沢湖
駒ケ岳
盛岡
秋田
本
田沢湖線
東北本線
早池峰山
大曲
秋
田
岩
手
羽越本線
鳥海山
最上川
栗駒山
山
形
奥羽本線
太
羽黒山
宮
城
海
月山
湯殿山
船形山
北上川
朝日岳
山形
仙台
蔵王山
阿武隈川
平
飯豊山
吾妻山
福島
磐梯山
安達太良山
猪苗代湖
福
島
洋

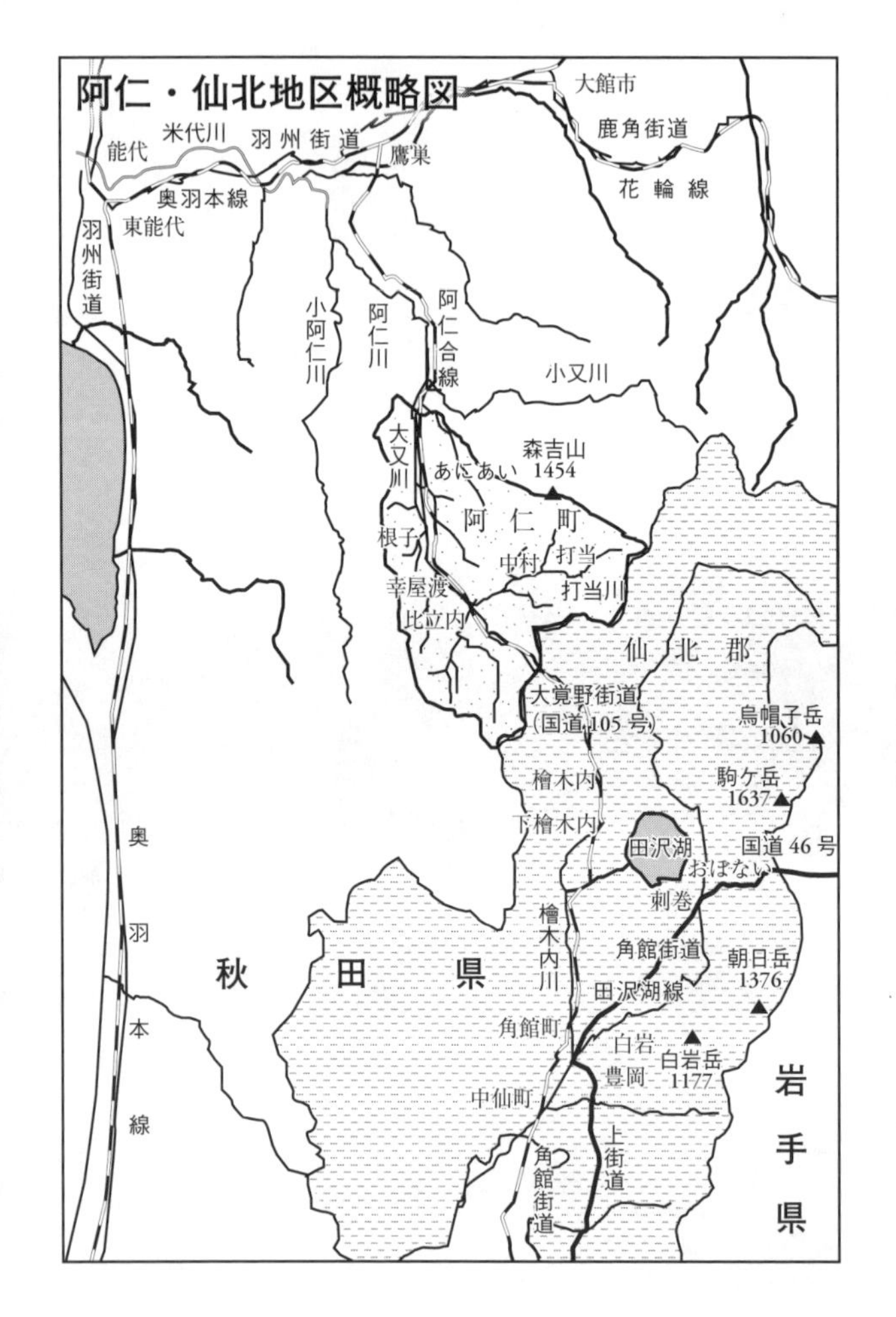

阿仁・仙北地区概略図
大館市
鹿角街道
花輪線
能代
米代川
羽州街道
鷹巣
奥羽本線
東能代
羽州街道
小阿仁川
阿仁川
阿仁合線
小又川
大又川
森吉山
1454
あにあい
阿仁町
根子
中村
打当
打当川
幸屋渡
比立内
仙北郡
大覚野街道
(国道105号)
烏帽子岳
1060
駒ケ岳
1637
檜木内
下檜木内
田沢湖
国道46号
おぼない
刺巻
檜木内川
角館街道
朝日岳
1376
秋田県
田沢湖線
角館町
白岩
白岩岳
1177
豊岡
中仙町
岩手県
上街道
角館街道
奥羽本線

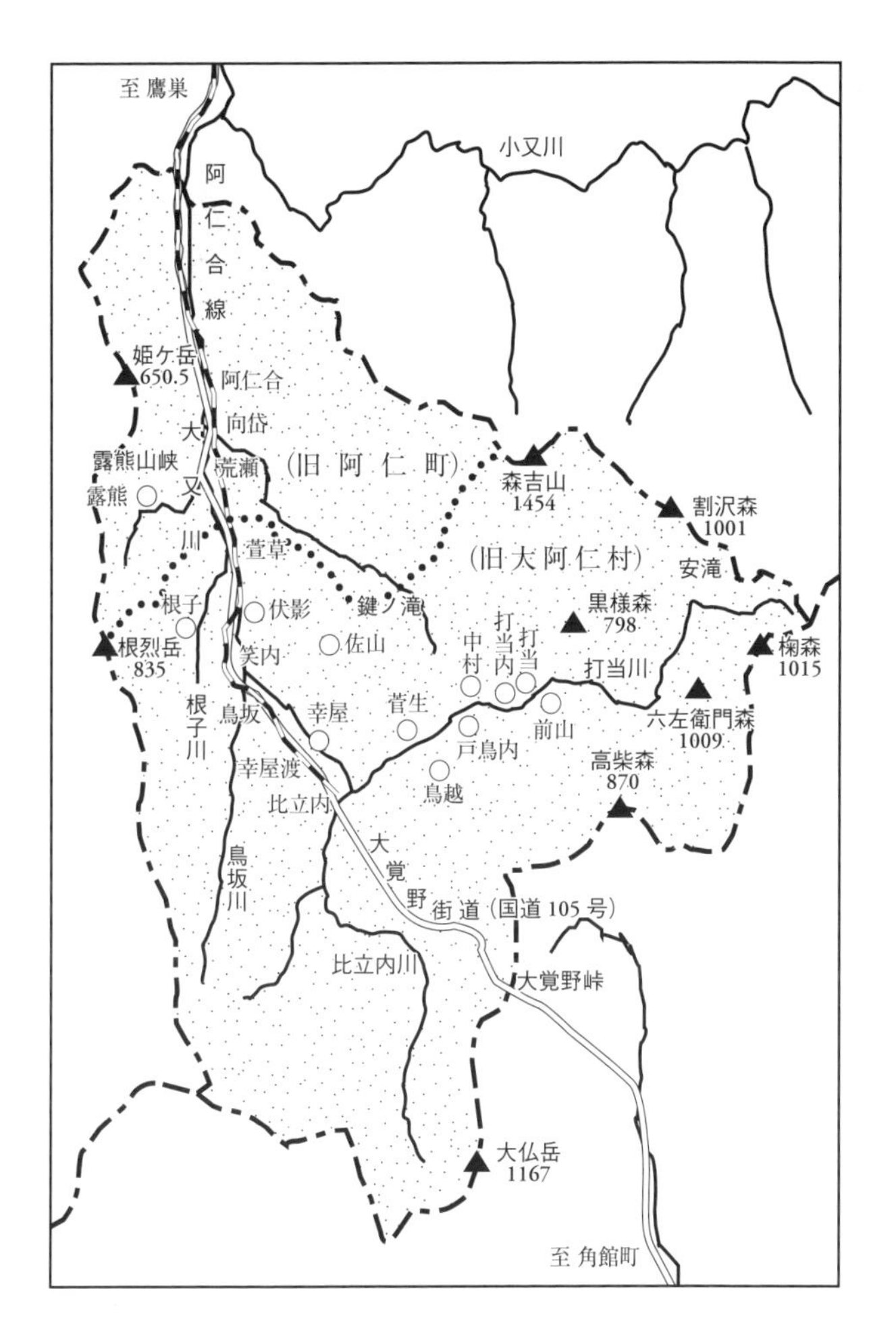
至 鷹巣
小又川
阿仁合線
姫ヶ岳
650.5
阿仁合
向岱
大又川
露熊山峡
荒瀬
(旧 阿 仁 町)
露熊
森吉山
1454
割沢森
1001
萱草
(旧大阿仁村)
安滝
根子
伏影
鍵ノ滝
黒様森
798
根烈岳
835
笑内
佐山
中村
打当内
打当
打当川
楢森
1015
根子川
鳥坂
幸屋
萱生
前山
戸鳥内
六左衛門森
1009
幸屋渡
高柴森
870
鳥越
比立内
大覚野街道(国道105号)
鳥坂川
比立内川
大覚野峠
大仏岳
1167
至 角館町

仙北地方の旧家は阿仁地方とはだいぶ異なっている／中仙町長野・高橋武治郎さん宅（'55年8月）

ひとくちに仙北マタギといっても栗沢・白岩・刺巻・桧木内マタギがあるが、栗沢マタギはその中心をなす／栗沢にて（'62年4月）

水深425m。一番深い湖水である田沢湖は仙北マタギたちの信仰の湖でもある（'55年8月）

山形県二井宿と宮城県白石を結ぶ二井宿街道の七ヶ宿にはマタギ宿が数軒あったが、ダム建設で様相は一変した

大阿仁地方は山が迫り、狭間をなしているせいか雷が多くその雷鳴もすさまじい／比立内にて（'59年8月）

奥羽山脈は屏風の役目を果たし、表日本と裏日本の気候を変えている／宮城県七ヶ宿・番城山の落日（'54年4月）

根雪がきた。数日を出ずして家々は雪の下に喘ぐようになるだろう／根子にて（'57年1月）

新しい道路もできて冬でも交通が楽になったが、以前はこの峠道を歩いて村に入った／根子峠にて（'57年1月）

比立内の地名はアイヌ語のヒビナイからきた。小
樺の美しく茂る沢という意味だ（'58年7月）

打当内は阿仁最
奥の村、打当の
支郷だが、今は
中村に属してい
る（'61年9月）

打当は村落の終点という意だといわれ、
打当川最奥のマタギ村である（'61年9月）

根子スケッチ

一番古い根子マタギの家。撮影時で 140 ～ 150年
経つ佐藤富松さん宅（'56年7月）

水田はささやかにある。ほんの自家用だ（'59年8月）

昔の家は屋根に魔除けの鎌を立てていた。藁屋
根・千木とともに今は廃れた（'61年10月）

村は山峡に拓け、親代々の物乞いでも貰い残しを
するというほど道は入りくんでいる（'58年5月）

砦跡。小学校の裏山にあり「館跡」と呼ばれている（'55年8月）

鮭石。石器時代中期の遺物といわれ県文化財に指定されている（'56年8月）

観音堂。戦国の昔、鎌倉から持ち運んだという観音さまが祀られている('58年7月)

砦跡の祠に祀られた古鏡。金売吉次の名が刻まれている('55年8月)

五穀山耕田寺は慶長の初め小淵の館主高田岡之丞が建立したものだが、幾度も移転を余儀なくされ、写真の鳥坂から現在はさらに比立内に移された('69年1月)

根子のメインストリート。前方に根子中央橋がかかる（'61年10月）

消防団の機具置場は村のニュースを伝える掲示場でもある（'61年10月）

村にある唯一の店舗。朝は魚屋がオートバイできて、店の前に市を開く（'61年9月）

村外れを家路に向かうマタギたち（'61年9月）

根子の古老たち。山言葉や山作法を知る最後の人たちだったが、ほとんどの人が故人になった（'55年10月）

家畜の飼料を収めた二階の納屋へは跳ね梯子で／山田運蔵さん宅にて（'59年9月）

阿仁地方、特に根子の女性は働き者だ（'61年9月）

どの家も傍に小さな畑をもっている。昔は狩衣となる麻を植えたそうだ（'55年8月）

北西から吹雪くのでそちら側の入り口や窓を藁や茅で囲っている（'57年1月）

中二階が突き出ているのも特徴だ（'57年1月）

雪におおわれた村中を根子川が黒々と流れる（'57年1月）

村では代表的なマタギの長老山田運蔵さんの
家。壁の家紋が重々しい（'57年1月）

根子中央橋で村の娘さんを取材中の私（左）と今は亡き野口
昂明画伯（'57年1月）

マタギの里

最後のマタギ村

東北地方の地図を開いてみよう。われわれが第一に気づくことは、大動脈のような三本の山系が長く北から南に走り、それに並行して三列の平野帯がのびていることであろう。これが東北地方の地形的特徴なのである。中央を走る山系を奥羽山脈、その東方にあるのが北上高地および阿武隈高地、西方のは羽越山脈の名で呼ばれている。そして奥羽山脈の東に北上、阿武隈の二つの縦谷平野、奥羽山脈と羽越山脈との間には断層、陥没による盆地平野、羽越山脈の西は日本海にのぞむ海岸平野となっている。

三つの山脈のうちの奥羽山脈は、東北地方の背骨（バックボーン）をなし、北から朝比奈岳、恐山、八甲田山、岩手山、駒ヶ岳、栗駒山、船形山、蔵王山、吾妻山、磐梯山などの雄峰が連なっている。そしてこの山脈にはさらに那須火山帯が重なっており、幾多の火山、温泉を噴出させている。

奥羽山脈は峻嶮にそばだち、屏風のように長く南北に連なっているので、これを境として東と西との気候をはっきりと分けている。夏になると東風が吹くので東側は曇りがちだが、西側は晴天が続き、冬になると西風が吹いて西側に雪を降らせ、東側を晴れさせる。こうした相違が東西の交通もさまたげ、気候だけでなく、人間社会の様相をかなり変え、表日本的なものと裏日本的なものとをそれぞれ創りだしているのだ。

奥羽山脈の東を走る北上高地と阿武隈高地とは、高原状の山地をなしている。古い浸蝕作用で平らに削られた準平原が隆起して、さらに多くの河川によって浸蝕されてできたものだといわれる。

北上山地の最高峰は一九一四メートルの早池峰山で、旧準平原面上の残丘である。北上山地にくらべると阿武隈山地は準平原面のほとんどが削りとられて、同じくらいの高さの山岳として残っている。

奥羽山脈の西の羽越山脈は北の出羽山地、南の越後山脈とからなっている。羽越山脈にそって鳥海火山帯が走り、北から津軽富士といわれる岩木山、秋田、山形県境の名山鳥海山、出羽三山の名でよばれる信仰の山、月山、羽黒山、湯殿山、つづいて南に朝日岳、飯豊山が万年雪をいただいて聳えている。

三列の山脈に挟まれた一帯の地域はかつてはブナやシラカバなどの原生林に蔽われて、クマをはじめカモシカ、サル、キツネ、タヌキ、テン、ワシ、クマタカなど野生動物が多く、まったくの原始境をつくりあげていたが、今日では開拓の手がかなり加わり自然は破壊されていることは悲しい。

この地域は〝奥羽の大屋根〟と呼ばれているが、たしかにその呼び名に相応しい峨々たる山岳地帯である。

こうした大自然の中にあって、人間の重要な本能の一つといわれる〝狩猟〟が発達しないわけがなかった。

奥羽山脈の西につづく森吉山の西麓を流れる阿仁川の上流には、今日もなおマタギの村の残映が残されているが、火と狩りの歴史は、とりもなおさず人類発展の歴史でもあった。獲物を追って山から山へ、原野から原野へと移動して生きていた古代の人たちも、世の中が進むにつれ安定のある生活をするようになった。狩人たちは大地から食糧の一部を確保せねばならなくなり、放浪は止んだ。そして原始的な村づくりが始まったのである。

マタギ――なんと奇妙な呼び名であろう。

現在、マタギなる呼び名が通用しているところは主として秋田県を中心として、青森県、岩手県、山形県の一部だが、福島県、新潟県でも使用しているところもある。四国や九州でも、マタギあるいはマトギと呼んでいるところがあると聞かされたことがあるが、確認はしていない。

私がマタギなる言葉を初めて耳にしたのは、山形の高校に学んでいたころだから五十年ほど昔になる。そのころ私は日本犬の調査に夢中になっていて、狩猟犬を捜して山形県下の狩人部落（主として南部地域だったが）を歩きまわっていた。私は栗子(くりこ)山麓の和田村で一人のクマ猟師と知りあった。彼はある日、私に語った。

「わしら猟師は、マタギとは違ってめんどうくさい約束ごとなんぞないから……」

私はそれまで、奥羽の狩人のことをマタギというのだ、と漠然と考えていた。

それ以来、私はマタギなるものに興味をもった。マタギとはなんであろう？

ある人は言った。マタギは彼らだけに通ずる特殊な言葉を使い、鉄砲一挺、犬一匹を伴(とも)として、山から山へ旅をしてゆく特殊な人たちだ——と。

では山窩(さんか)のようなものだろうか？

ある人は言った。マタギは厳冬の雪山に麻の狩衣一枚で眠る。一日に五十里の山岳を走る——と。

では忍者のようなものだろうか？

マタギという言葉は果たして日本語であろうか？

その語義や語源は？

山民マタギ、狩猟民マタギについていつの日か究めてみたいと思ったものだ。

マタギには又鬼、犾、狖、級剝、獦人などの漢字をあてている。山に棲む鬼よりも強い者という意味で、又鬼と書くなどとまことしやかな説も伝わっているが、もちろんこじつけである。秋田県十二所町（現在、大館市）にある老犬神社の巻物にも「俵藤太之末孫定六申又鬼……」と書かれており、江戸時代に秋田の山村を調査旅行した菅江真澄もその著「筆のまにまに」その他に、万多耆、又鬼などと書いているが、これらはいずれも音から取った当字だ。

マタギの語源に至ってはいろいろの説がある。菅江真澄はマダハギからきたものだと述べている。マダは科の木のことで、この皮を剝ぎ、纖維で織った着物を着たからだという説で、民俗学の柳田国男氏は、信州の山人たちが使う息杖のマタツボから起こったと考証し、喜田貞吉博士は又木説。また阿仁公民館長だった松田広房氏は、同地方が昔はアイヌの居住地域で、現在も地名や使用語にアイヌ語が多く残されているところから、アイヌ語のマタウンパ（雪山で狩りをする者の意味）からきたのであろうとの説をとっている。このほかにも四国の土佐、伊予地方で狩猟を意味するマトギから起こったという説もあり、語源についての定説はない。しかし、狩猟を意味する古語であることには間違いなさそうだ。

ではマタギという言葉のもつ意味はなんだろうか？

狩猟を本業として、獲物を追って山岳を歩きまわる人々や、その人たちの集落を指していたものらしい。だが、前に述べたようにマタギは普通の狩人と違っている。山岳宗教に凝り固まり、獲物は山神からの授かりものとして敬い、酷しい狩人作法を守って生きてきた東北地方の、特殊な伝統をもつ狩人なのである。

古い時代にあっては、狩猟はわが国の山村に広く行われた重要産業であったが、世の進歩と共に獲物になる鳥獣が減少して、狩猟依存は影をひそめていった。ことに部落全体が狩猟に依存していたマタギ村は、急激に減って、今日、わずかに東北の一隅に余喘を保っているにすぎない。

マタギの村として知られている所を挙げてみるならば、

福島県＝南会津郡桧枝岐村。同只見町田子倉。

新潟県＝北魚沼郡湯之谷村折立。新発田市赤谷村。北蒲原郡黒川村。岩船郡朝日村三面。

山形県＝西置賜郡小国町長者ヶ原。同小玉川。

秋田県＝仙北郡西木村桧木内。同下戸沢。同中仙町豊岡。同田沢湖町刺巻。北秋田郡阿仁町打当。同比立内。同根子。同露熊。同萩形。同八木沢。由利郡鳥海村百宅。鹿角郡十和田町大湯大楽前。

青森県＝黒石市山形町大川原。中津軽郡西目屋村。西津軽郡鰺ヶ沢町赤石。下北郡畑。

このほかにもマタギ村らしい形跡の残っているところは点在しているが、今日では、それらはもちろんのこと、ここに挙げたマタギの村さえも、既に昔の面影はほとんど消失しつつある。ただ秋田県の田沢湖から森吉山麓にかけてのマタギの村だけが、最後のマタギ村として昭和も辛うじて面目を保っているが、これとて早晩に、普通の山村に化してゆくに違いない。

仙北マタギ、阿仁マタギと呼ばれている人々も、今日狩猟だけで生活している者は一人もない。農耕をし、山林を拓き、あるいは日傭労務だとか、何らかの商売をして生活している。従って昔のように農耕者とマタギとが画然と区別されるということもなくなった。

現在、最もマタギが残存している秋田県の阿仁、仙北地方について語ることにしよう。マタギの本場といわれる大阿仁地区は昭和十一年まで荒瀬村といった。それが阿仁合町と大阿仁村に分れ、三十年に再び合併して阿仁町となった。

そのかつての大阿仁村の中央を阿仁川の上流にあたる大又川が貫通し、その支流の根子川、打当川にそってマタギ村は発達した。上流の方から挙げると打当、戸鳥内、比立内、幸屋渡、幸屋、鳥坂、根子、伏影などだが、いまではマタギはこれらの村に点在しているに過ぎない。

マタギたちの主な獲物はクマで、毛皮と胃（実は胆だが）が重要な現金収入源であった。大正年代までは野獣も多かったので、マタギ村も活気を呈し、マタギたちは県内の山々はもちろんのこと、関東、中部から関西、中国、四国の山岳地帯にまで足をのばして狩猟をしていた。そして得たクマの胆や毛皮を全国に売り歩いたものであった。

根子だけでも昭和五、六年ごろは七十六名ものクマの胆を売る行商人がいたが今日ではほとんどいない。獲物の減少だけでなく、新薬の普及で、古風な自家用薬が売れなくなったからで、これなどもマタギを衰退させた原因の一つであろう。

阿仁にくらべると仙北地方は、既にマタギ村としての形態は失われて、ただ単に狩りをする人が多く住んでいる地方というだけになっている。

ところで、こういった村落はマタギたちによって開村されたと伝えられる。もともと人類の生活は原始時代は狩猟や漁撈（ぎょろう）に頼っていた。それが焼畑耕作のような粗放農業となり、やがて林業、鉱業、工業へと順を追うて発達してきたもので、平安以前は狩猟がわが国民の主生業だった。平安後は農耕にうつり、藩政時代に入って鉱業、林業、明治以後に工業が盛んになってきたのである。阿仁地方の歴史をひもといてみるとマタギと村落発生との関係がよくわかり、面白い。

阿仁地方にはアイヌの遺跡が多い。彼らの祖先が使用した縄文土器は旧大阿仁村内の各地から発掘されている。地名の阿仁は夷（えびす）語のアンニからきたもので木立という意味だと松田広房氏は述べている。

笑内（おかしない）、戸鳥内（とっとりない）、打当内（うっとうない）、比立内（ひたちない）などの地名もアイヌ語からきたもので、現在もこの地方で使われているベコ（牛）、チャペ（猫）、芋、袋、森、岩、カマ（鉄瓶）、タンポ（餅）、ワッパ（食器）など四十語以上の言葉はアイヌ語だ。こういった点からみても、この地方の先住民族はアイヌであったといえる。松田氏は『このほかに韃靼（だったん）人（シベリア系のツングース、オロチョン）がいた。彼らは早くから出雲族と交渉があり、馬を手に入れて佐渡、出羽、陸奥に勢力を張っていた。南部馬の原種はこの種族がもちこんだもので、この種族の王化に服しなかったものを蝦夷と称した。坂上田村麿が討伐した蝦夷はアイヌではなく、この韃靼人で、森吉山周辺に根を張っていたものだ。』との説を述べられている。

その後になって、原日本人がぼつぼつとこの地方に入ってきたが、それはほんのわずかで、しかも放浪性の狩猟者としてきたに過ぎない。

阿仁が開村されたのはかなり古い。しかし村落としての体裁を整えたのはずっと後で、元禄年間に今の村落の大半ができ上がったという。

開村者たちは南と西からこの地方に入ってきたと伝えられている。

南からきた連中には仙北地方から大覚野峠を越えた組と十二段峠を越えた組とがあり、西は南秋田郡方面から入った。大覚野から来たのは越後の者で、与助、市兵衛という兄弟だった。二人は早く故郷を離れ仙北郡西根村で水呑み百姓をしていたが、あるとき同村のマタギから大覚野峠を越えてゆくと肥沃な土地があると聞いたので移住を決心、辛苦して開墾した。市兵衛の子孫に当る松橋忠雄氏は幸屋渡に現存している。

兄弟が成功したので、仙北から佐治右衛門、角蔵、助左衛門、助市という者が続いて移住し、村づくりがなされた。

そのあと丹後と津島から浪人二名が市兵衛をたよってやってきて、二年ほど働いていたが、やがて別れて、幸屋と幸屋渡を開拓した。この子孫が松橋久兵衛氏である。

さらに幸屋渡から出た久作なる者が菅生（すごう）を開拓した。この頃からぞくぞくと開墾者が続き、下筋から市郎右衛門というマタギがやってきて羽立長畑（はだちながばたけ）を拓いた。

大平（おおだいら）村は比立内から入ったマタギ五左衛門によって開発された。

十二段系は主として打当、中村、戸鳥内、鳥越（とりごえ）方面を開拓し、中には中ノ股、土部（つちべ）鉱山で働いた者もある。

前山（まえやま）は伏影のマタギの開発だといわれ、根子、上佐山（かみさやま）は落武者によって拓かれたと伝えられている。

このようにして、マタギや落人や生活苦から移住した人たちによって阿仁の山村は拓かれていったが、これは仙北の山村でも見られるところであろう。こうして、原始的な狩猟放浪の時代は終ったが、狩猟に主体を置く生活に変りはなかった。初期においてはマタギたちは焼畑をつくり、食糧の一部を安定させたに過ぎない。

しかし、次第に生活の主体は狩猟から農耕へと移動せざるを得なくなった。彼らは水田をつくり、山地農業ではあるが純農村にみえるまでに技術を進歩させた。

ただ彼らが純粋の農夫と異なったのは、季節になると狩猟を忘れなかったことだ。クマが獲れないときは、たとえ原料のクマの胆を他処（よそ）から購入してでも、製薬し、行商を続けたことであった。

マタギのもう一つの特徴は、狩猟のための〝狩小屋〟（ところによっては殺生小屋と呼んでいる）を持っていることだ。マタギに限らず山で仕事をする人々――木樵、炭焼、木地挽、坑夫など――も山小屋をもち、そこで生活をするが、山小屋に対する考え方や、小屋の使用の方法はまったく異なっている。

狩小屋とは、マタギたちが山野を放浪して狩猟に明け暮れていた時代に、生活の本拠を置いたところであった。今日では、定住する村での生活に主体性が置かれているので、昔ほどに狩小屋は重要な意味を持たなくなったが、それでも狩小屋を見のがしてマタギは語れない。

狩小屋は、狩猟中にマタギたちが寝泊りする仮の簡単な小屋で、狩猟地区に数カ所あるのが普通である。

秋田のマタギたちは県内だけでなく、遠く他県へ狩猟にでかけた。

そこで毎年やっかいになる土地には〝マタギ宿〟という定宿をきめている。

秋田県内の生保内や田沢、福島県の田島、宮城県の七ヶ宿、山形県の大平などの村には、マタギ宿といわれる旅宿があって、その地方で狩りをするときは勢子などの世話もしてくれた。

マタギはヤクザではないが、やはりその土地のマタギに仁義を切ることが大切だとされていた。

根子紀行

奥羽本線の鷹巣(たかのす)駅で下車して、支線の阿仁合(あにあい)線に乗り換える。走っているときよりは、止まっているときのほうが多いようなのろのろの単線列車で、一時間余をごとごとと揺られてゆくと終点の阿仁合駅に着く。終点が近づくにつれて大阿仁川の渓流が右手の車窓にせまり、その景観はすばらしくよい。

この阿仁合駅が昭和三十年ごろではマタギの里、大阿仁への玄関口に当っていた。その後、住民たちの願望が実り、阿仁合と比立内(ひたちない)を結ぶ鉄道が三十八年十月完成した。

当時の阿仁町は東西二〇二キロ、南北二三・八キロ、面積三七一・二三平方キロという広大な地域を占めていた。秋田県の中央にある太平山(たいへいざん)（一一七〇メートル）から東に白子(しらこ)森(もり)（一一七九メートル）、大仏(たいぶつ)岳（一一六七メートル）、大覚野(だいがくの)峠（五八二メートル）、椈(ぶな)森(もり)（一〇一五メートル）などの奥羽山脈に連なる山岳を境に、東部は十和田八幡平(はちまんたい)国立公園に続き、仙北郡田沢湖町に接し、南部は仙北郡西木村、西部は河辺郡河辺町、三枚平山（九三〇メートル）、根烈岳（八三五メートル）、姫ヶ岳（六五〇メートル）を境にして北秋田郡上小阿仁村に、また掬森から北西にのびる割沢森（一〇〇一メートル）、森吉山（一四五四メートル）の連峰を境に北部は北秋田郡森吉町に接していた。山岳地帯が九三パーセントをも占めている高地なのである。

町の中心部を貫流する大又川（阿仁川）は森吉山を中心にして町の東南部より北部に大きく迂回し、その水源を掬森に発し、南西に流れて打当川となり、比立内で大仏岳に水源を発する比立内川と合し、大又川となり、鳥坂川、根子川の支流を併せて森吉町に入っている。

旧大阿仁村には萱草、伏影、笑内、根子、鳥坂、大和淵、岩ノ目沢、大平、幸屋渡、幸屋、上佐山、比立内、羽立、長畑、菅生、小倉、戸鳥内、野尻、鳥越、栩ノ木沢、中村、打当内、打当、前山の大小二十四カ村がこれらの河川に沿うて点在している。村の中で一番高い所にあるのは上佐山で三〇八メートル、平均気温は一〇度六分、積雪が深く、積雪期間は一五一日といわれている。

しかし、大阿仁で最もマタギ村の形態を残しているといわれる根子にゆくには、昭和三十年ごろまでは、クマの出る峠を越えねばならなかったが、今日では峠の下に自動車道路が出来ていて簡単に行けるようになった。

大又川の支流、根子川に沿ったこの峠路は美しい。初夏ならば新緑が目もさめるように鮮かだし、夏はウグイス、カッコウの声がたのしめる。秋は燃えるような紅葉、そして冬は神々しい雪山の姿が胸を打つ。

ほとんど人と行きあわない峠路をしばらく根子川を見下ろしながら歩いてゆくと、豁然（かつぜん）と山村が展開する。

ほんとうに、こんな山懐（やまふところ）に村が……と思えるほど村は突然に現われてくる。イギリスの伝説にブリガドーンの村というのがあるそうだ。それは百年に一度、一日だけ山の中に忽然（こつぜん）と現われる村で、平和で、美人の住む村だという。峠を越えて忽然と現われる根子の村落は、そういった伝説の村を連想させたものである。

峠を下って村に入る口に根子川にかけられた木橋があり、根子橋という。右手は川に臨んで山が迫り、その上に松の巨木が生えている。戦国時代の砦趾（とりであと）で、村の人たちは館趾（たてあと）と呼んでいる。

村のつくりは密居形態で、マタギ組の組織が作り出した集落だといわれる。普通の山村ならば、若干の耕地を拓いて思い思いの場所に家をつくり、散居して分家をふやしてゆくのだが、それが異なっている。

とはいうものの山深いところの傾斜面に作った集落であるから、計画的に屋敷割を定めるような適当な土地がない。従って集落の小路は迷路的で、家も田畑も傾斜面に階段状に作られていて、はじめてここを訪れた者にはわかりにくい。三十年当時の戸数は九十戸だった。

笑い話であろうが『江戸の町でも迷わなかった物乞いが、ここでは迷った』と言われている。他所(よそ)からやってきた物乞いだの行商人は、全部まわったつもりでも訪れ損った家を残したり、重複してたずねたりするということで、根子の人たちは、この村を開村したのが源平の落人たちだったから〝隠里(かくれざと)〟として、このような村づくりをしたのだろうと語っている。

根子橋を渡ると、根子村だ。道幅二メートル半ほどの道路が続いている。右手の川沿いに崖があって、川に面して防空壕と思えそうな空洞が口を開いていた。あとで元荒瀬村村長の佐藤忠俊さんに聞いたのだが、

「私らのわらし(子供)のころからあったもんでシャ」

ということだった。忠俊さんはいまは故人となられたが、当時は長老の一人だったから、かなり古い洞穴に違いないが、誰も奥まで入ったものがないという。奥は土砂で埋もれているのかもしれない。

忠俊さんは、きっと戦国時代に砦の主が間道として掘ったものではないか、という。砦趾はそのずっと上の山頂にあり、そこから穴を掘って根子川へ通ずる道を作ったとすると大変な工事だが、穴はかなり深いらしい。

忠俊さんは、それを探求するために一度これを掘ってみようと計画していたが、果たさないうちに亡くなった。

この謎の洞穴を過ぎるとすぐにメインストリートに入る。

メインストリートの突き当りに店舗が一軒あった。なんでも揃えてる雑貨店である。

道がいくぶん広くなっていることと、そこで四岐（よつまた）に分れていること、それに村のほぼ中心地に当っていることで、根子銀座と呼んでもいいだろう。

朝ときどきここで魚市がたつ。魚市といっても、魚のセリをするのではない。魚屋がブリキの罐に魚を入れて運んできて、土の上にひろげるのだ。

最初に私がこの村を訪れた昭和三十年ごろ、魚の鮮度もわるかったが、数年後にはすっかりよくなって、注文した魚を持ってくるようになった。

道路もよくなって、現在ではトラックや乗用車も村まで入るし、以前は荷を背負って汗をふきふき山越えした行商人も、最近ではオートバイでくるようになった。

子どもたちがアイスクリームを舐（な）めているのを見ると、今の子どもは幸福だなァと感じる。

変ったのは道路や、行商人や、アイスクリームを舐める子どもだけではない。

三十年ごろまでは、村のほとんどの家が、千木（ちぎ）ののっかった藁屋根で、魔除けの鎌が立てられていた。

黒びかりのする手斧(ちょうな)削りの柱など、いかにもマタギの村らしい風格をもっていたものだった。

一年して再び訪れたとき、村の高台にトタン屋根の家が出現していた。ペンキを派手に塗りたてた板壁、ひところ〝新文化住宅〟と呼ばれた形式の家である。ああ、嫌だなァ……と私は、正直にそう思った。それが昭和三十六年の秋に訪れてみると新文化住宅は方々に出現していた。古めかしい千木や鎌のかわりにテレビのアンテナが立っていた。マタギの村は、わずかこの五、六年でさえも、こんなに急速に変貌しつつあったのだ。いまではすっかり変貌してしまったであろう。

しかし、私の〝喪(うしな)われてゆくマタギ村〟に対する悲しみは、一旅人の感傷だと嗤(わら)われるかも知れない。惜しい——と私が呟(つぶや)いたとしたら、村の人はきっとこういうに違いない。

「藁屋根はシャ、夏涼しくて、冬暖かいからいいどもシャ、なんとしても雪の多いとこだで、雪下ろしの費用が大へんだてバ……。トタンだらハァ、まずその心配ねえもンな」

「それによ、なんぼマタギだってテレビぐらい見たいしヨ、世の中が進んでるだから、ここだけ遅れてもいらんねえシャ。見物するには昔の姿がいいかもしんねえが……」

そう言われては私は黙るしかないだろう。

新しさと旧さとが同居している根子村で私は残されている旧さを捜してみた。館趾の丘の下は小学校になっていて、ここの校庭に「鮭石(さけいし)」と呼ばれている魚形文刻石がある。はじめは村の佐藤敬吉さんの家の前にあった。一メートルほどの立石で、誰もそれが何であるか知らなかった。

昭和二十九年の夏、秋田県文化財専門委の武藤鉄城氏が訪れて、これが石器時代中期の遺物だと鑑定し、三十年県の文化財に指定された。石の表面に六尾、裏に二尾の魚の姿が彫られている。

根子に限らず、大阿仁地区一帯は考古資料の宝庫ともいえ、多くの遺跡や石器、土器、人骨などが発見されている。

根子の山田の中にぽつんと建っている観音堂には石棒、石斧などが納めてあった。この観音堂に安置してある観音さまは鎌倉時代のものだといわれている。古老の話だと、戦国時代に、この村の人が鎌倉まで出かけていって貰いうけ、背負って運んだものだそうだ。

砦のあった山頂に登ると、鬱蒼とした原生林に覆われた山々が、波のように四方から迫っていた。確かに天然の要害だ。しかし、今日砦趾に残ってるのは数本の老松と古びた小さな祠(ほこら)と、草の生い繁った空濠(からぼり)だけだった。昔はこの濠にまんまんと水が湛えられていたのだろうか?

もしそうだとすれば、どのようにして水を運び上げたのだろう? それは、その砦の主の名と同じくわかっていない。しかし戦国時代に通じている山岡荘八氏にたずねてみたら「それはおそらく空堀でしょう。水がなくても砦の防衛施設として作ったものです」ということだった。

　祠の中に一個の古鏡があった。鏡の裏には金売吉次奉納の文字が彫られてあった。金売吉次といえば奥州の黄金を京で売って長者になったという伝説的な人物だ。父は藤太といい、母は京の公卿の姫だった。鞍馬の山で牛若丸に会い、平泉の藤原秀衡に寄託した人物。後に堀弥太郎光景と改名した、とものの本に出ているが、こうした古鏡が残っているところを見ると、実在の人物だったのだろうか？　これとてもやはり謎である。

　古きものといえば、忘れてならないのに鳥坂の五穀山耕田寺がある。慶長初年の開基で、最初は小淵にあったが、後に荒瀬に移され、さらに鳥坂に移された。火災にもあい、改修も加えられたため昔のままではないが、なお大伽藍の面影を伝えている。しかし、ここも鉄道が通ることになったので、またまた移転を余儀なくされ、現在は比立内に在る。

　鉄道といえば、阿仁合から先、比立内までの線――鷹角線は三十八年の秋に完成し、住民を喜ばせたが、住民たちの願いはさらに延ばして仙北の角館に結びつけてほしい、というのだった。今日ここから仙北、田沢湖方面に行くには阿仁合線で鷹巣まで出て奥羽線に乗り換え、秋田を経て大曲に行き、さらに生保内線に乗り換えて行かねばならないから半日以上もかかってしまう。もしこの線が完成したら一時間余りで行けるだろう。

　旧大阿仁村地区内の山林資源や地下資源はこれまで降雪とともに冬眠してしまっていた。交通の不便と輸送の困難とがこの地区の産業と文化の発達をひどく後らせていた。

それが国土総合開発法で阿仁、田沢地域が指定され、第一期計画として阿仁合線の比立内までの延長工事が行われたわけで、マタギの村はこういった面からも開拓されてきたわけである。

この鉄道工事に並行して大覚野街道の県道工事も進められた。大覚野街道は古くから仙北地方と阿仁合地方とを結ぶ重要な路線であった。明治維新のとき、奥州鎮撫副総督の沢為量（ためかず）が官軍を率いて秋田へ入ったときもこの街道を通っており、彼は角館から峠越えして比立内へきて、秋田へと進撃している。しかし、この重要路線も降雪量が多いために郡道時代はまったく修理などされなかったので、荒れるにまかせていた。

大正十二年に県道に切り替えられたが、人は通れても自動車は通行できないという有様であった。昭和四十九年に大覚野街道は国道一〇五線として開通し、仙北と阿仁合とを結ぶ重要路線となった。そして今日では冬季間の交通も可能である。

しかし、阿仁合線は赤字ローカル線第二次廃止対策路線となっており、角館線も第一次廃止対策路線となっているので、地元ではこの二線路を結んで、鷹角線とし、第三セクターで全線開通させたいと運動中である。

阿仁地方は雪が多い。

海抜二〇〇メートルの山懐にある根子では、平均して毎年二メートルはつもる。山の方では三、四メートルにも達する。そのため、一冬の間に三、四回は雪おろしをしなければ、家が保たない。

早い年だと初雪がくるのが十一月に入ってすぐで、十一月三日に大雪がきた年もあった。十一月の中旬から十二月の初旬にかけて根雪になる。この地方の気象状況を見ると、昭和三十五年度の調査で十一月から三月までの、午前九時における最低気温は——十一月零下六・五度、十二月零下九・五度、一月零下一二度、二月零下一〇・五度、三月零下七度となっている。そして降雪日数は、十一月は一九日だったのが十二月に入るとぐんと増えて二五日、一月は二七日、二月、一六日、三月、一一日——これで見ても解るように十二月、一月にはほとんど晴れ間のないほどに雪が降り続くのだ。苗代から雪が消えるのは四月の十日から二十日ごろで、二十日すぎになっても雪が残っていて、土をまいたり、水をひき入れたり、砕いたりして雪消しをやる年も少なくない。田植は六月四、五日から始めて、十五日ごろまでかかる。田植が終ると九月の稲刈りまでひまができるので男たちは行商や出稼ぎに出る。

クマ狩りが始まるのも山に雪崩が轟きだすころで、四月に入ってからだ。

私が昭和三十二年の正月、根子を訪れたときは、土地の人が気味わるがるほどに雪が少なかった。暖冬異変で、これも核実験のせいじゃと、世間で騒いでいた年で、私たちを阿仁合駅まで出迎えてくれた佐藤忠俊さんは、

「こんなことは、まったく珍しいですヨ。私の記憶にありませんからな。しかし、こんな年は、いっぺんにどかんと根雪がくるもんでシャ」

と言った。

阿仁公民館の工藤由四郎氏らと共に、佐藤さんの案内で根子に向かった。峠路も、ところどころ泥が黒い顔をのぞかせていた。

峠に立って根子村を眺めると、雪雲が山の峰々に重くまつわりついていて不気味だった。それでいて雪が降らないのだ。

根子橋まで降りてゆく。田圃も数日前に降ったという淡雪の名残を見せているだけで黒かった。

道で、顔見知りの村人に会った。前に二度も訪れているので、顔なじみも多い。

「やア、またお世話になります」

「よくお出でになりました」

と挨拶を交す。その人も妙な年でシャといった。

私たちは、佐藤さんのお宅に泊めてもらった。食事をしていると、

「雨ふってきたシャ」

と佐藤さんの末娘が外で叫ぶ声がした。

私たちは、がっかりしてしまった。

というのは、この訪問の目的は雪に埋もれたマタギの村を撮影することにあったからである。

同行した某誌のカメラマンが、慌てて表にとび出した。私も食事をそこそこに外に出てみた。

いかにも生あたたかい夜である。雨はしとしとと降っていた。

これでは雪景色どころか、いま残っている雪すらも消してしまうだろう。私たちは天を恨んだ。

雪に悩んでいる村の人たちは、今年は雪おろしをせんで助かった、と喜んでいた。そこに行って雪のないのを恨むのだから、なんとも申しわけない次第だがこれでは目的は達せられない。

ことに、雪のマタギ村を見せるといって二人の画伯――野口昂明さんと佐藤泰治さん――まで連行した私は、責任上気が気ではなかった。

そこへ、かねて顔みしりのマタギの長老、山田長吉さん（故人）がやってきた。七十歳の老人だが、骨ぶとで、さすがに山岳で鍛えただけはある元気のいい人だ。

長吉さんは、私の心配に、

「あすは大雪ですべ」

と言った。

古老の天気予報は、測候所よりも正確なことが多い。果たして翌朝――。

私は暗いうちに眼が覚めた。いやにあたりが静まりかえっている。耳を澄ますと、しいんとした中になにかしら重みを感じた。

雪だ！　雪がきたのだ――私ははね起きて廊下に出た。寒い。昨夜とはまるで異なった、ツーンと刺すような寒気が肌を刺した。

急いで雨戸を開けた。より一層の寒気と共に、夜目にも鮮やかな雪景色がとびこんできた。

「万歳！」

と思わず叫んだ。

夜が明けても雪は霏々として降っていた。私たちはすぐさま村の中に走り出した。家々も、杉林も、田も、畑も、道路も、すべてのものが白くふくれ上がっていた。

村の中央を貫流している根子川は幅せまくなっていた。この川に架かっている橋を根子中央橋という。中央橋の上を二人のおばあさんが話しながら通っていた。

「やっぱりきたな」

「きたともシャ、これはずねえ」

そんな話だった。

雪は、堰を切って落としたように、それから毎日舞い続けた。正月の休暇で帰郷していた人たちが、降りしきる雪の中を出発していった。

獅子舞いが雪けむりをあげて舞っていた。道路も、屋根もますます膨れあがっていった。

こんどは、もう熄(や)んでくれ――と私たちが悲鳴を上げる番になった。

雪の夜の、囲炉裏を囲んでのマタギ話も面白い。

私が佐藤家に滞在中、山田長吉さんや、やはり古老の佐藤富松さん(故人)がやってきては、いろんな話をしてくれた。

こんなことだった――。

「昔、マタギ旅をしていたころ、辛かったのは、家サ泊めてもらえないことだったよ。わしら、行きつけたところでは、マタギ宿といって定宿があっただから心配なかったども、初めての土地では困ったシャ。

マタギのいる土地では、そこのシカリ(マタギ頭)のところサ行って仁義を通せばなんとか世話してもらえたども、マタギもいない、宿屋もないところでは普通の民家に泊めてもらうしかない。ところが、マタギは殺生する商売じゃから泊めんと、よく言われてシャ。空きっ腹をかかえて次の村まで夜道を歩く。時には夜通し歩いたこともあって、こんなときゃあ、ほんとに泣きとうなった」

「こんな雪ぶりのときの野宿はええども、雪が雨に変ってびしょ濡れになると、キツネ穴にでも潜りこみたくなったっけ」

「昔はよかったシャ。イタチ一匹とっても、バンドリ(ムササビ)一匹とっても、米一俵になっただからな。

テンでもとろうもんなら三俵半になった。

マタギで生活が成り立っただから、ほかの仕事はしなかった。

バンドリなど、やってくる木が決ってるだから、一晩でも二晩でもその木の下にじいっと待ってたもんだ。バンドリ一匹の値は、今の金にして三千円ぐらいだった。いまじゃあ四、五百円が相場だ。これだば誰も本気でとらねえシャ」

「マタギで一冬かせげば、今の金で三十万円ぐらいになっただから真剣だった。

ウサギ五羽とると、日傭い作業員の三倍の取り高だったもんな」

「根子は大阿仁の中でも、マタギ発祥の地ということになってるシャ。

それというのも、マタギの始祖といわれた万事万三郎が、山形県の山寺を立ち退いて、宮城県に入り、最後に秋田県へきて、この村に入り、ここで一生を終えたからだシャ。

万事万三郎の訓えは、マタギの憲法として今日も守られているからなあ」

「昔のマタギはなあ、この近くの山のクマは飼ってある、といって年寄りかよほど若いマタギでなければ獲らなかったもんだ。一人前のマタギは他処の土地に出かけて、そこのクマを獲ったのシャ。

そうすれば、自分ンとこのクマ減らさずにすむもんな」

「わしら若いころにゃあ、火縄銃も扱った。だどもシャ、罐つぶしと呼んだレミントン銃の方が、ながく使った。それから村田銃になったが、村田はよく命中していい鉄砲だった。今の若い者は、二連銃だの、ブローニングだの上等なものを使ってるが、クマ獲りはあまりうまくないてバ……」

雪の夜の炉辺談話はつきない。

根子では、他村に見られないような中二階の張り出した家が目立つ。

その代表的なものは根子マタギの最長老である山田運蔵さん（故人）の家であろう。運蔵さんは当時九十歳に近い年齢だったが、元気で、息子の喜一郎さんは七十歳に近いが、クマの胆の行商などをして諸国を歩いている。親子ともにマタギである。

運蔵さんの家は村の中央の高台に在って、城砦のように四辺を睥睨して建っている。家の板壁や土壁に家紋が彫りこまれて、独特なつくりだ。

私が最初に根子を訪れた際に泊めてもらった家である。

中二階は、ひさしのように表に突き出している。私は建築に暗いので、これがどういう様式に属するものかよく解らなかったが、この形式の家が根子だけに多いのはなぜであろうか？

私は阿仁を訪れるのはこのときが初めてだったので、公民館の工藤氏と共に、運蔵さんの家を訪ねた。阿仁合から先には旅館がないから、ここでお世話になった。私と工藤さんとが泊めてもらった部屋は、この中二階だった。旧藩時代からの調度品が重々しい風格を感じさせた。廊下にはキツネやテン、クマの毛皮が無造作にぶら下げてあったのも、マタギの旧家らしい印象を受けた。食事どきになると、美しい若夫人が高足膳を目八分に捧げてわざわざ二階まで運んでくれたのには恐縮した。

やがて若主人の（といっても七十歳に近い、二番目の御主人だが）喜一郎さんが、洋服に着かえて銚子を持って上がってきて、私の前にぴたりと正座した。私はますます恐縮した。

彼は自分の盃をとると持参した酒をつぎ、それをまず飲み干して、盃の底を私に見せた。この通り毒見をいたしました。御安心なすってゆっくりお召し上がり下さい、ということなのである。私は、山形県真室川（まむろ）の鷹匠（たかじょう）沓沢朝治氏（故人）の家にお世話になったときも、同じ経験をした。こういったところに旧い時代に生きた人たちの礼儀を見ることができた。そういえば食事中、その家の婦人が傍に坐らないのもここの特徴のようであった。若夫人（おそらく喜一郎さんの息子さんか、お孫さんの）やお手伝いの娘さんたちは、きれいに化粧をしていたが、銚子や料理を運ぶだけで同座しようとはしなかった。男のつき合いには女は加わらない、という慣習がそうさせるのだろう。

最初のうち、私はそのことに気づいていなかった。三回目にここを訪れたとき、私は村の人たちに講演をしてくれと頼まれた。会場には七、八十名の人が集まっていたがいずれも男性ばかりであった。次に、前の年に撮影したマタギ村の映画の映写会を催したことがあったが、このときも女性は現われなかった。

私は、根子の女性はあまり進取的ではないのかな、と誤解した。ところが、後で一人の娘さんが私に告げた。

「あたしたちもお話をうかがいにゆきたかったですけど……」

このことだけで封建時代の男尊女卑の陋習（ろうしゅう）がそのまま未だに残っているのだ、と考えることは早計であろう。

なぜならば、山岳宗教に生活の根本を置いて、あらゆる行動をそこから発足させたマタギの特殊性を考え併せねばならないからだ。

阿仁公民館で、教育長であった松田広房氏はその著『北秋田郡大阿仁村発達史』の中で、阿仁の村民性に対して次のように述べている。

『（前略）まず自覚批判力が足らず自主性に欠けている。伝統慣行から脱け切れない（中略）概念、イデオロギーの相違から来る葛藤は少く、協調的である。家族、本家と別家、長上尊敬等の関係は廃れていない。この敬愛の情に相互の人権尊重の合理性を導入すれば清新なる国民道義として推称すべきである。

困苦に耐え、勤勉の堅実性は古来からの美風で（中略）殊に女子の労働力と勤勉は男勝りである（後略）』と。

村内を歩いてみると労働している婦人の姿がしきりと目立った。

野良で働く娘、水くみする主婦などの姿は農山村としては当然としても、伐木、山畑開墾までも女子がやっている。かつて男が山に入って狩りをし、売薬行商に出ていたころは、村は女子の手で護られていた。その頃の慣習の名残なのだろうか――。

ある夏の夕、村の小学校で根子番楽が催されたことがあり、私も招待されて見に行った。村の人たちは講堂に入りきれないほどに押しよせていたが、ここでも女性の姿は極めて少なく、お婆さんか、子供ぐらいしか女と名のつく者はいなかった。

しかし、それから十年の間にだいぶ変った。都会に出る若い人も多くなり、都会的な空気も流れ込んで、老人連はともかく、若い人たちの間には男女間の新しい道徳や交渉がもたれはじめた。

ある日、私は氏神さまである山神社の堂で若い男女の集会を見た。中学卒業生たちの同窓会らしかった。

娘の一人二人が発言を求めて演説し、男たちが賛同して拍手を送っていた。

「民主的というんでしょうな。近ごろはみんなああなっちまって……わしらの若い頃は異性とつき合うなんて特別なとき以外にありませんでしたからな」

羨ましそうに案内の忠俊さんは、私に語った。

村の移ろい

私が秋田のマタギの村々を調査のため訪れたのは昭和二十八年から十年間ほどであったが、当時はまだ生存していた村の古老たちから、根子と阿仁の歴史をいろいろと聞いた。それは次のようなものであった。

第五十代桓武天皇の延暦二十三年（八〇四年）に森吉山麓で坂上田村麿に破られた蝦夷(えぞ)（韃靼人(だったん)）は北へ逃れ、最後には天孫族に吸収されたが、韃靼人のいなくなった後に、この地方に入ってきたのが白人系アイヌだった。これも原日本人の進出につれて北辺に遁(のが)れ、一部は雑居して混血した。

ところで田村麿の蝦夷討伐のあと、朝廷では秋田砦をつくり蝦夷の反撃に備える一方、国府を置いて国司郡司に民政をつかさどらせた。しかし、まだこのころは蝦夷が多く蟠居(ばんきょ)して反撃してくるので田村麿は三年の後、再び討伐軍を起こし、三陵沢(さんりょうざわ)（今の阿仁合）

に勢力をはっていた蝦夷の酋長大滝丸を亡ぼした。この時、立願のために森吉山に建立したのが今ものこる薬師堂だという。

それから約七〇年後の、第五十七代陽成天皇の元慶二年三月（八七八年）、北羽元慶の乱というのが起こった。秋田城司良峰近のやり方が過酷なので、俘囚が怒って蜂起し、秋田城を襲い、官舎や民家を焼いた反乱で、報せをうけて出羽国司藤原興世は鎮撫しようとしたが賊勢つよく、興世は焼山に戦って敗れた。

興世が奏上した報告によると、反乱の起こった土地は上津野（今の角館）、火内（大館、扇田地方）、榲淵（鷹巣、阿仁地方）、野代（能代）、河北（雄物河北部、秋田附近）、腋本（南秋田郡脇本）、方口（八郎潟船越）、大河（南秋田郡大川）、堤（不詳）、方上（八郎潟北部、山本郡以下渡岩川）、姉方（不詳）、焼岡（不詳）とあるから、秋田城以北はことごとく賊地と化した大反乱だった。朝廷は藤原保則を出羽権守に任じ、上野の兵を与えて鎮圧に向かわせた。また別に小野春風を鎮守府将軍にし、坂上好蔭とその年の九月、陸奥より鹿角に進撃させた。春風は秋田郡を通り秋田営に至って、保則と賊を挟撃することになったが、彼は少年時代に父に従って東国に蝦夷討伐にいったことがあり、蝦夷語も話せたし、彼らの事情にも通じていたので、無用な殺戮をやめようと、単身で賊地に入り、首領を説いて降伏をすすめた。反乱の蝦夷たちは春風を徳として帰順したというが、春風は偉い将軍だったのだろう。

次に阿仁地方に影響を与えたのは源平の興亡であった。

源平二氏の興亡によって、その一族郎党の中から、落人となって安住隠遁の地を求めて流れついた者はかなりあった。

根子を開いたのはそういった源平の落人たちだといわれ、現在根子にある元荒瀬村村長の佐藤忠俊氏（故人）は、佐藤継信の後裔との家伝がある。

奥州平泉に栄華を誇った藤原氏は三代にして亡んだ。即ち秀衡の子泉三郎忠衡は、兄の泰衡が義経を討ったときに、義経に同情したかどで泰衡に殺され、その泰衡も頼朝の追討をうけて贄（にえ）の柵（さく）（北秋田郡二井田）に落ちて、そこで家臣の河田次郎に殺された。

佐藤継信、忠信兄弟は福島の信夫（しのぶ）の庄司であった佐藤左衛門尉元治の子で、はじめ秀衡の家臣であった。

義経は秀衡を頼って平泉にきて成人したが、兄の頼朝が兵を挙げたと聞いて駆けつけようとすると、秀衡は勇武の佐藤兄弟を義経に与えたのである。

継信は壇ノ浦の合戦で戦死し、忠信もその翌年京都で糟屋有季に囲まれて自刃した。お芝居の狐忠信というのがこれだ。

根子の佐藤忠俊家に佐藤継信の家系が伝わっているとしても地理的、歴史的背景からみて不思議ではない。

壇ノ浦の戦後、平家の一族は四散し、方々に平家部落を作った。熊本の五箇荘（ごかのしょう）や徳島の祖谷（いや）、長野の飯田、新潟の三面（みおもて）などとおなじく根子にも平家の落人は流れてきた。根子にきた平家の落人は一行十八名であったと伝わっているが、氏名は詳（つまび）らかでない。またここに入った源氏は、源氏でも頼朝に睨まれた組であり、世を捨てた以上は源氏も平家もなかった。両落人は仲よく村づくりに専念した。面白いことだ。

　そのあと、秋田実季と南部大膳太夫信直とが大館を中心として合戦したことがあり、秋田方が敗北してその残党も阿仁に流れこんだ。

　室町戦国時代には阿仁地方の各地に小城や砦が築かれていた。その主なるものとしては米内沢の嘉成常陸介、木戸石の檻淵播磨守、上杉の上杉半右衛門、小阿仁小沢田の嘉成三七、浦田の大淵某、前田の鳥海弥三郎、吉田風張の松橋刑部、小淵の高田岡之丞などの城砦であった。これらの武将はほとんどが秋田氏に属し、南部や津軽に備えていたが、また同時に互いに勢力争いをして、最後に米内沢城主の嘉成常陸介が一人勢力を張った。

　大阿仁（昔は荒瀬村といった）を支配していたのは小淵の城主高田岡之丞で、岡之丞は小淵に耕田寺（こうでんじ）という寺を建立し、そこに胆煎（きもいり）（後の名主、村長に当たる）を置いて村を治めさせていた。岡之丞の居城がどうなったかは今日では明らかでないが、末孫の三郎右衛門というのが享保年間に阿仁の水無（みずなし）に住み、そこの胆煎となっている。これから見ると帰農したのだろう。

　柴田勝家の滅亡後、落ちてきて居ついたものに戸鳥内（ととりない）の柴田作右衛門がある。さらに大阪落城後も阿仁へ入った者の数は多い。

慶長七年、佐竹義宣は水戸から秋田へ国替えを命ぜられた。このとき藩主の後を慕って秋田にやってきた者のうち、阿仁に入ったのも少なくない。佐竹義宣はなかなかの名君で、彼が藩主になってからは民政に意をそそぎ、大館城代に軍政を司らせて豪族間の争いを封じた。宝永元年（一七〇四年）代官制度を施き、各郡に代官数名を置いて、大館城代の支配の下に、胆煎を監督し、貢納の取立てをさせた。後に郡奉行制度になり代官制は廃止されたが、後に再び代官制は復活した。しかしこれも九十年続いた後で改正になり、秋田に六郡郡奉行を置き、今までの代官は郡方吟味役となった。吟味役のほかに見廻役があり、貢租をびしびし取り立てたから農民の生活は苦しかった。

寛政十二年ごろに秋田藩で編集した秋田郡邑記によると、当時の村民の生活が理解できる。曰く、『荒瀬より山奥迄十里余、比里総じて銅山にて渡世す。文村は常にとちの実、楢の実、栗、稗を食ふ。酒は粟、蕎麦にて造る。粟は淡く、蕎麦は辛し。

村々熊を捕ふる事をなし冬より春まで山々を廻る。近国の奥山至らざるはなしと言う。或は鹿、猿、猪、かもしか、狐等捕へざるはなし、人は至て健なり』

昭和三十六年度の阿仁町勢要覧によると、阿仁の産業別人口で一番多いのは農業の一七九〇人、次が鉱業の七二九人、そして第三位が林業、狩猟業の六一六人となっていたが、五十五年度の国勢調査では、農業が五六九人と減り、代って製造業の六六八人がトップに立っている。しかし今日でも林業狩猟業が他の建築業や製造業、卸売業、小売業、サービス業に比べてはるかに多いのは、さすがにマタギの村との感を深くする。

山地なので水田も畑も狭小で、三十五年当時、農家数九五八戸だったが、五十七年には七五八戸に減じている。作物は米のほかに馬鈴薯、大豆、小豆、蕎麦、大根、キャベツ、葱、南瓜などだ。従って主食は年々千石も移入している有様で、農民の経済状態は現在もなお苦しいようだ。

「田畑を誰もあてにしとりゃせん。自分の家の食いぶちが穫れればええほうじゃ」

と村の人はいう。ここでの収入源は林業だ。阿仁全土の八四・一五パーセントを占めるのが山林なのだから、林業はここの各種主要生産額中第一位だ。だが、八〇パーセントは国有林の生産額なである。

畜産では、昔は荒瀬馬の産地として知られていたが、耕耘(こううん)機の発達したいまは衰退した。しかし、肉牛は最近盛んになり、現在九百頭近くが飼育されている。

ただ鉱業は古くから有名で、また早く開かれていた。大阿仁全地区にわたって金、銀、銅、鉛、石炭が存在しているとみられているが、今日では採掘されていない。以前は、根子などは村全部が石炭層の上にあるので、鉱業会社がどんどん掘っているうち家々が傾きだして大騒ぎしたことがあった。

地方――ことに他市町村とあまり交流の激しくない地方にゆくと、その土地土地で特徴のある姓氏を見るものだが、阿仁でもそれが見られる。

昭和三十年の調査によると、大阿仁地区で一番多い姓は「佐藤」で九六家、次に多いのが「松橋」の九四家、三番目が「鈴木」で七一家ある。佐藤姓を名乗る者は大阿仁全地域に散らばっているが、松橋は鳥坂以南、菅生以北に多く、鈴木は主として奥地に見られた。これらに続いて多いのが「柴田」「武田」「上杉」「田中」「高堰」「伊東」「越前谷」「渡部」「西根」「山田」などだ。

これらの姓氏について松田広房氏はこう述べている。

『姓氏によって先祖の系統、生国、職業などを知り、また住民渡来の経路をさぐる手がかりとなる。

とはいうものの現在の姓を辿って血統の始祖を知ることは、正確な系図や口伝がない限り困難である。中には他の姓を冒したもの、偽ったもの、借りたものもあり複雑だからで、また一般の人は姓を名のることを禁じられ、永い間には忘れてしまい、必要に迫られてやむなく適当に、甚しきはでたらめに名のったものもある。家系についてもややもすれば源平藤橘を口にするが、しかし真にこれらの族だというのは極く稀で、その八、九割までが冒姓や偽ものである。

しかし、地方の同姓は大てい同一系統であるから、なにか有力な記録があればそれに関係していると見てもまずいいだろう。大阿仁には現在八三姓がある。その系統には清和源氏、桓武平氏の庶流、秀郷流氏族、安倍氏流氏族、藤原南家、工藤氏族などの支流もあると思われる。

皇威が東方に及ぶに従い、出雲文化、古志（越）の文化が入りこみ、その地方の人々が入りこんできた。阿仁部に於けるその系統の姓氏は、金沢、石川、加賀谷、庄司、越前、越前谷、越後、前田などで、次に荘園時代の流れとしては、清水、工藤、佐藤、伊藤、藤島、後藤などがあり、鎌倉時代から室町戦国時代にかけての流れとしては小林、畠山、葛西、桜井、松橋、嘉成、上杉、成田、秋本があり、佐竹藩時代のものには山田、本間、二階堂、相馬などがある。

明治以後は交通が発達し、住民の間に移動が起り、また社会生活の大変革から諸姓交錯して、大雑居時代を現出した。

このため氏族部落などの特殊的な感情は大いに薄らぎ、社会人としての文化生活が営まれるようになった。

明治初年に比べると今日の大阿仁地区の姓氏は三〇余も増加している。』と——。

マタギの家では山神さまが神棚や仏壇の上に祀ってある／根子にて（'56年8月）

昔は秘巻など絶対に見せなかった。今日でも穢れを払ってからでないと開陳しない／仙北にて（'55年8月）

オコゼの干物は山神を慰める唯一のものとして昔はシカリが持参した／阿仁合にて（'61年10月）

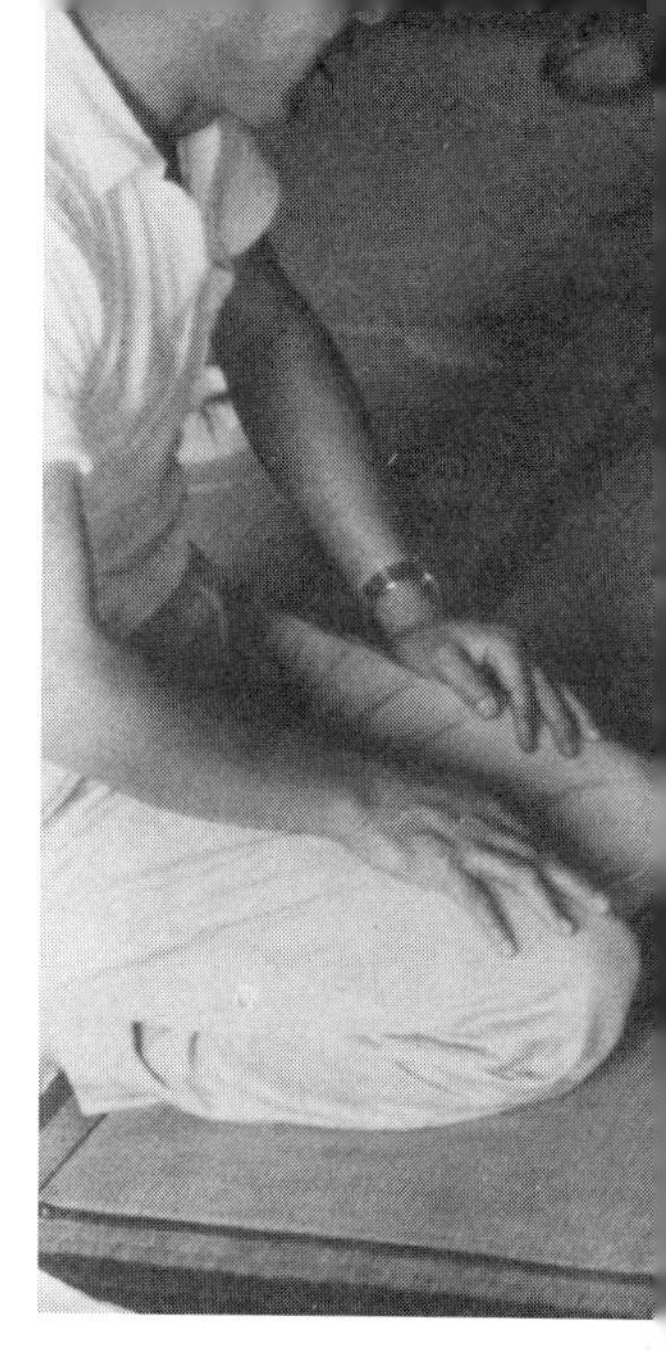

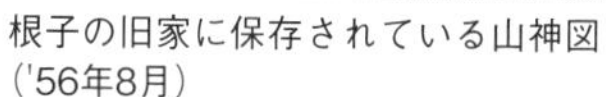
根子の旧家に保存されている山神図
（'56年8月）

山形県の山寺の立石寺に祀られている
万事万三郎の木像（'60年10月）

万事万三郎から伝えられたという秘巻／根子にて（'58年8月）

絵で示されている秘巻。どういう意味なのか持主も知らなかった／仙北にて（'55年8月）

万事万三郎をマタギの始祖とする秘巻の模写の一部／比立内にて（'59年10月）

柳山達始者高喜元歳也
仁皇五十六代之孫
清和天皇ト奉申其頃関東下
野國日光山麓ニ萬治万三郎
ト云狩人有之島
弘明天皇九十三代ノ後胤也下
野之國日光山麓ニ住玉此人天
下無雙之弓術之達人也天高ク
飛行ノ鳥追モ聲聞ハ不射落
無云叓依テ是レ山ニ歩行レ鹿猿
色々之獣物射殺シテ身命續
月日ヲ送玉ヒケル然ルニ彼ノ所ニ日

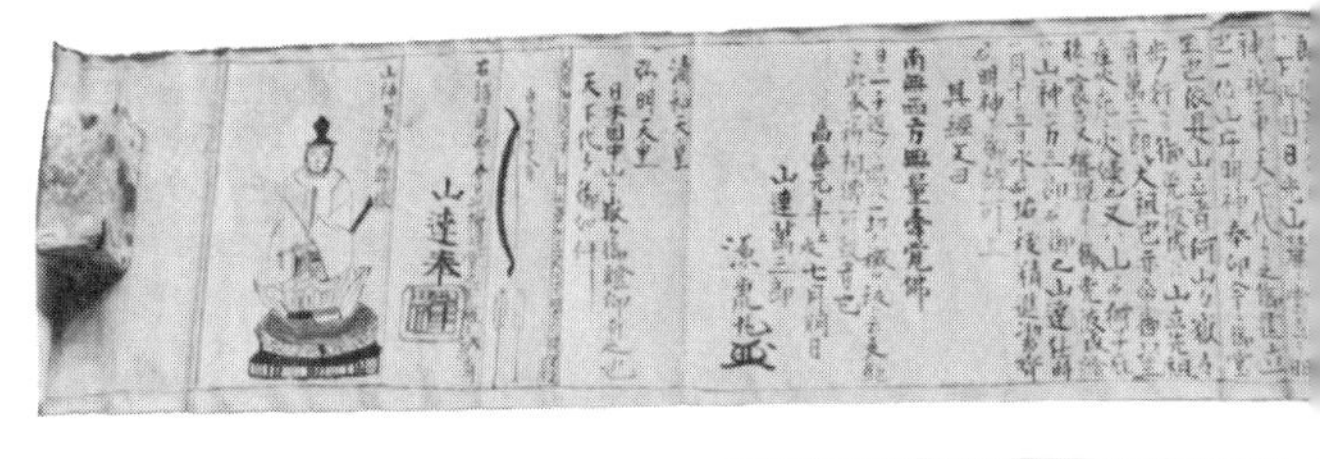

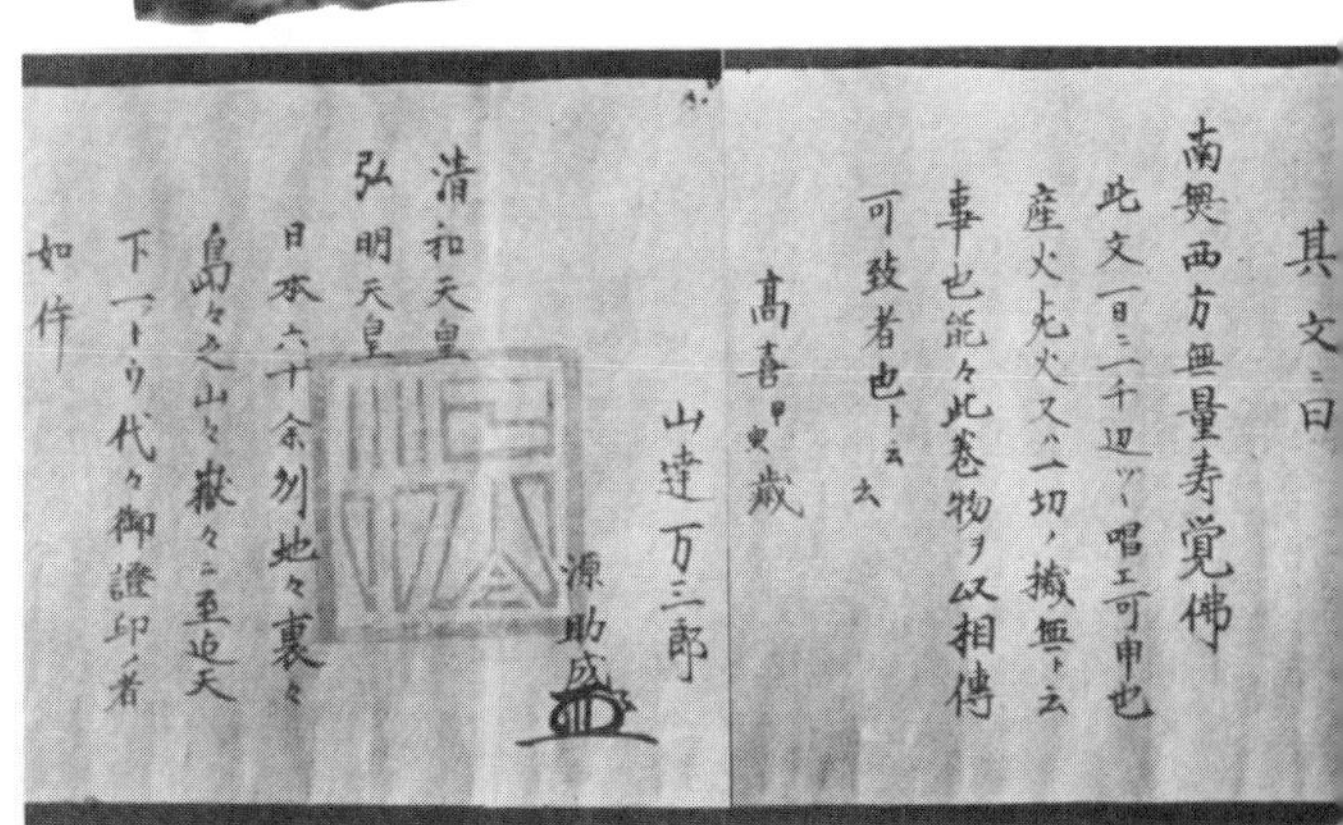

其文ニ曰
南無西方無量寿覚佛
此文一日ニ二千辺ツヽ唱エ可申也
産火死火又ハ一切ノ穢無トヱ
事也能々此巻物ヲ以相傳
可致者也トヱ
云
高喜甲寅歳
山達万三郎
源助成
清和天皇
弘明天皇
日本六十余州地々裏々
島々之山々嶽々ニ至迄天
下一トウ代々御證印ノ者
如件

狩り装束と道具

マタギが身につける一切の道具。所蔵品を順々に身につけてゆく佐藤富松さん（'56年8月）

マタギの着つけ／上）一番下に麻の下着を着る。中）次に山袴をはく。袴の下にモモヒキなどは用いない。下）吹雪除けの胸当てをしてズキンをかぶる

晴天の日のマタギ姿。名手と謳われた根子の佐藤富松さんの晴れ姿

上）昔のマタギ姿。犬もしくはカモシカの皮を着る。左手に持つは雪べら（'59年8月）。下）今日の狩衣。軽装で保温性が高い。ただ背にする犬皮だけは変わらない（'61年9月）

タテ(熊槍)
シロビレ
銃
アマブタ
又鬼笠
ゼンブクロ
前かけ
羚羊皮
ケラソッカ
羚羊皮の
手袋
テッケヤシ(手袋)
手甲
弾帯
ゴス
麻の山袴
ユナギ(雪篦)
ケラソッカ
羚羊皮
足袋
半ばき

根子にて（'61年10月）

佐藤富松さん所蔵の火縄銃

木綿の手甲・脚絆

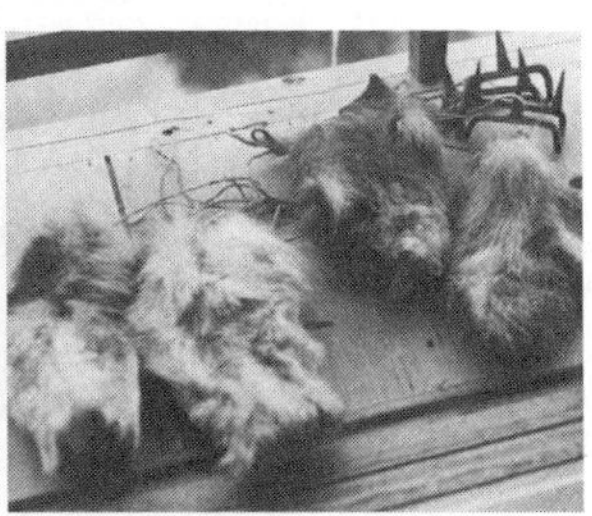

カモシカの手袋

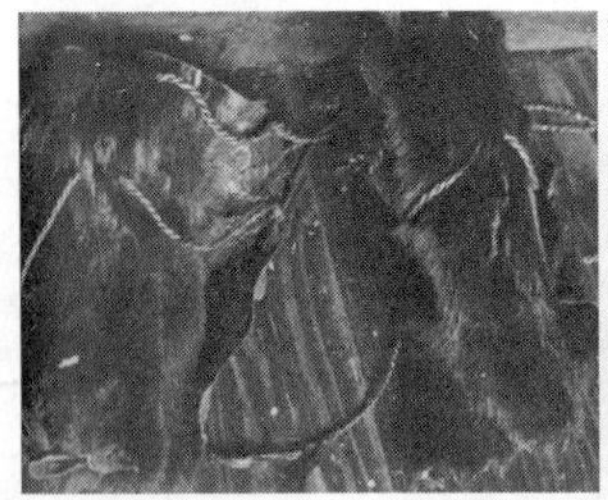

カモシカの脛当て

カモシカの足袋

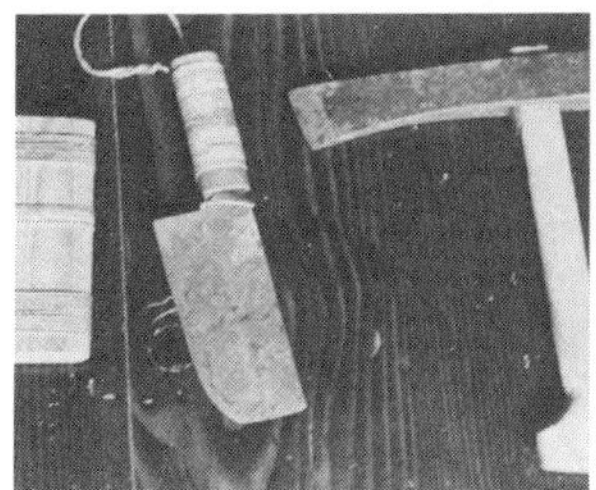

鉈と包丁

クマ槍の穂先。旧代（左）と近代のもの

マタギ笠

小刀

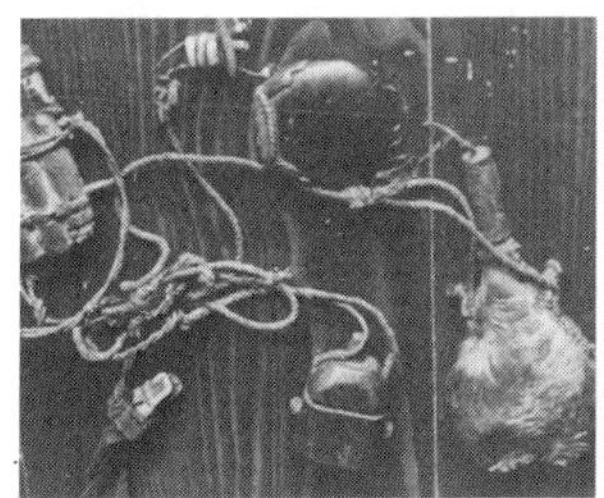

火薬容器と火縄筒

マタギ袋

上）今日のマタギの装い。下）新旧マタギの狩り姿。現代は衣料・銃器の改良で軽量になっている／打当・根子にて（'61年9月）

雪山をゆく昔のマタギ姿。右手に火縄銃、左手にクマ槍もしくは雪篦を持つ

山入り

上）山に入った主人の安泰と猟の成就を、餅を供えて山神さまに祈るマタギの家族

右）山神さまに捧げる納豆餅やナマス、煮物など

現在のマタギの山入り携行食糧

水垢離場。狩りにゆくときマタギたちはここで垢離をして穢れを払った／根子にて（'56年7月）

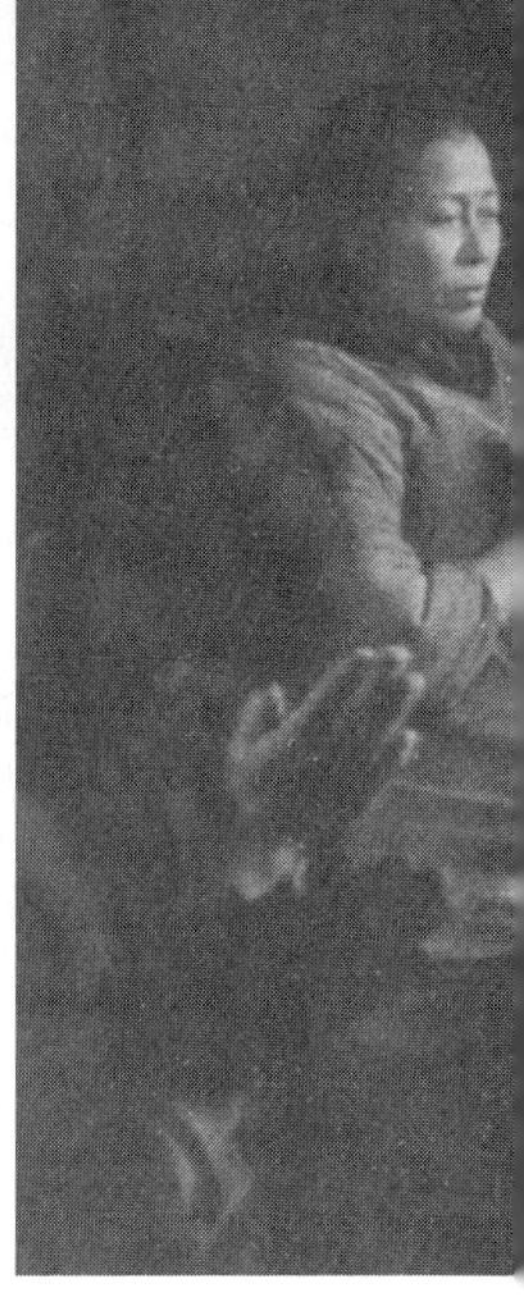

昔のマタギ手形

山小屋に入るとまず山神さまに掲げ、節分に撒いた豆をシカリから分けてもらう／根子にて（'61年10月）

山に入る前マタギたちは山神さまに詣で神酒をいただく／根子にて（'61年10月）

現代のマタギ

上）槍や銃は女子供の手の触れない長押しに／根子にて（'56年7月）

山仕事のいでだち

白岩マタギのタカシュウはふだん野良や山林で働いている（'61年10月）

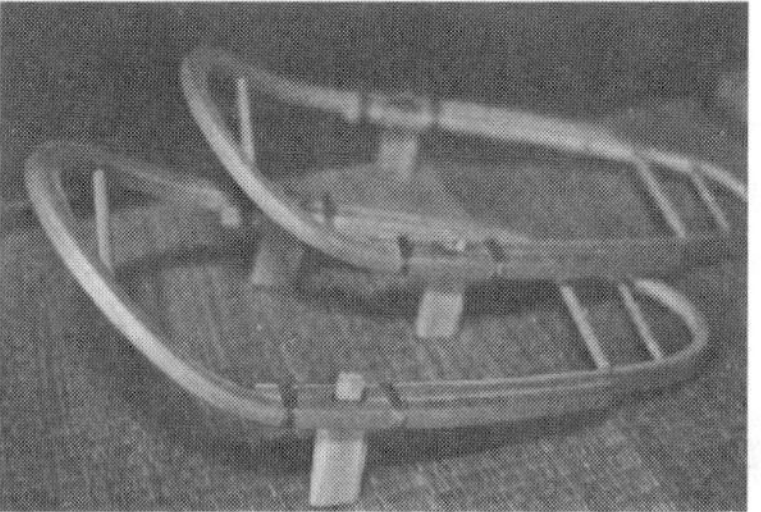

雪山を歩きやすいように爪先が反っている当地方のカンジキ

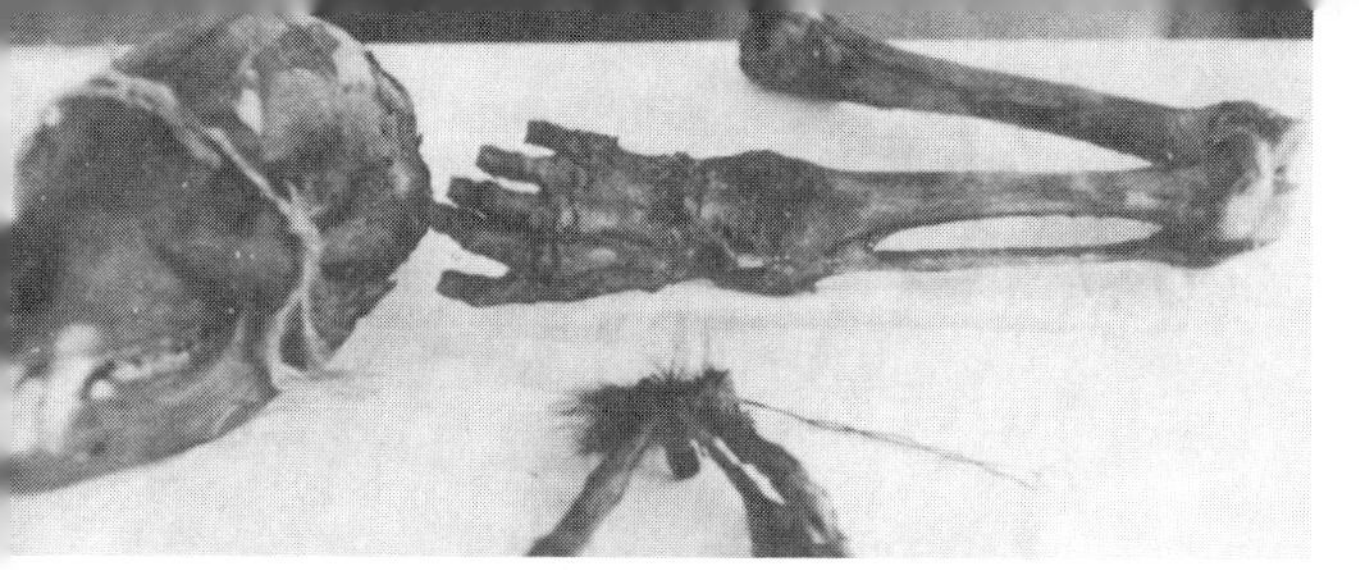

クマの頭骨は脳病に、足の骨は神経痛に、陰部は性病や精力減退に効あるとして珍重された／比立内にて（'34年8月）

囲炉裏やストーブの上にはクマの頭骨だの胆だのが干してある／打当マタギの家にて（'61年9月）

朝日連峰のガイドをやっている志田忠儀さんもいいマタギだ('61年10月)

中仙町の高橋武治郎さんは鯉屋さん。明大ラグビー部出の猛者だ('62年4月)

白岩の伍郎さんは天理教の布教師。三味線を爪弾き踊りもうまい芸達者('59年4月)

白岩のウサミさんは農業。山で自慢の喉を披露する('61年10月)

左）手にした山刀で後ろのクマを刺し殺したと身振り手振りで語る幸屋渡の松橋三郎さん。上）頭を掻きむしられた傷跡が生々しい（'61年9月）

右）阿仁マタギのこの人は山林で仕事をしている（'61年9月）

左）この白岩マタギの本業は魚屋さんだ（'61年9月）

仙北栗沢マタギの藤沢佐太治さんの愛称はクマとりサン公。これまでに60余頭を仕とめた名手（'62年2月）

クマとり椿の名で呼ばれる山形県高畠のマタギの顔の傷跡は16歳でクマと格闘し山刀で殺した時に負った傷（'53年10月）

マタギ風土記

始祖万事万三郎

阿仁地方の――根子や比立内などの――古老たちは、現在もなお『山達根本之巻』と称する巻物を大事に秘蔵している。これは彼らが代々伝えてきたもので、山に入るときは必ず持参した。神聖にして冒すべからずとしたもので、人にはめったに見せなかった。解りやすくいえば武道の極意書、忍術の秘伝書にも比すべき性質のものである。

こういった秘伝書の類はわが国ではかなり多い。武道や忍術だけでなく、農業や漁業以外のいろいろな職業でも、その由来にもったいつけて伝えたものが多い。木地屋が小野宮惟喬親王を祖神として近江の君ヶ畑、蛭谷を発祥の地としているように、山師、鋳物師から獅子舞などまでが、由来を伝えた秘巻なるものを伝えている。こうした文書の多くは、室町時代のころに作り出されたものが多い。文書の内容は一様に荒唐無稽だ。室町時代に入ると、ようやく庶民の間に文字を尊重するような気風が起こってきて、文書に書かれたものは信用されるので、こんなもったいぶったことが流行しだしたのであろう。

マタギの伝える『山達根本之巻』も、同様なものと見てよいだろう。ただこの秘巻の中で万事万三郎をマタギの始祖として断定しており、この祖神が単なる偶像ではなしに、マタギたちの信仰と生活の中で、立派に呼吸してきたことは注目しなければならない。

万事万三郎は、盤次盤三郎とも書くし、盤司盤三郎あるいは盤司万三郎、万二万三郎、万治万三郎などと書く。その名がまちまちに書かれているように、その存在についてもいくつもの説が伝えられている。

たとえば万三郎が住んでいたと伝えられている山形県山形市山寺の立石寺の記録によれば一人の人物だが、そこから移り住んだという宮城県仙台市出生、大梅寺の記録だと、盤次と盤三郎という兄弟の狩人ということになっている。また、万三郎は神話的人物だといい、あるいは蝦夷人であったなどとも伝えている。一致しているところは万事万三郎がマタギの始祖であるという点だ。

北秋田郡十二所町にある老犬神社の由緒によると、万三郎は藤原鎌足の曽孫魚名を遠祖とし、その子孫にあたる下野の押領使藤原秀郷（俗に大ムカデを退治したという俵藤太）の後裔という。万三郎の子孫に定六という者がいて、その猟犬が老犬神社の由緒をなしている。定六という子孫がいたのなら万三郎も実在だということになるが、秀郷の後裔がマタギの始祖というのも腑に落ちない話だ。

山寺の伝説によると、万三郎の父は猿丸太夫といって立石寺の西谷(にしたに)に住んでいた。いまも山寺の立石寺境内に猿丸太夫の井戸というのが残っている。この辺の大地主だったのだろう。その子が万事万三郎で、グラフP.119に掲げた写真は立石寺五大堂わきの岩屋に祀られている万三郎の木像だが、『容貌魁偉にして、性猟を好み、常に山沢にあって走ること非常に速く、峰や谷を渉ること恰も飛仙雲客の如し』と「奥羽観跡聞老志」が伝えているように、なるほど凄い顔つきである。

山寺には万三郎に因縁のある地名が多い。宇千手院(うせんじゆいん)の入り口の平石の傍に万三郎の「矢研ぎ清水」というのがあり、面白権現と赤石権現への岐れ道には万三郎の狩犬の墓というのがある。また面白トンネルの入り口附近には「大声立(おおごえだて)」という所があり、万三郎が犬を呼んだ所とされている。松田広房氏は多年にわたって万事万三郎の研究を続けられたが、氏は山寺における万三郎の住所はおそらく矢研ぎ清水附近だったろうと推定している。というのは、後に立石寺を建立した慈覚大師が山寺を開山するに当って万三郎に協力を求め、そのとき万三郎と対面した場所がこの附近（川原町高橋）で対面岩として遺っているからで、言い伝えによると二人は共に下野の人間だという。万三郎は大師の人格にうたれて協力を約した。これから考えると万三郎はマタギの頭領で、この地方の大ボスだったに違いない。

さて山寺村の四〇三八〇町が立石寺境内として朝廷から大師に賜ることになって、殺生禁断の地となったので、万三郎は山寺を立ち退いた。今（昭和五十九年）から一一二九年も昔の話で、山寺では万三郎の徳を伝えるために彼を地主権限として祀った。毎年旧の七月節句に祭礼が行われて大賑わいするが、この日の呼びものはシシ踊りだ。山寺が禁猟区になって喜んだのはイノシシ、クラシシ（カモシカ）、カノシシ（シカ）たちだった。そこでうち揃って慈覚大師の所にお礼にゆくと、大師は、

「これも万三郎の力添えのためじゃ。万三郎の徳を忘れるでないぞ」

と教えた、という伝説にもとづいている。だからシシ舞い踊りは、まず真先きに万三郎の祠（ほこら）の前で舞ってから開山大師堂にくることになっている（山形県山形市山寺伊沢不忍氏と松田氏の共同研究による）。

さて山寺を立ち退いた万三郎はどうしたであろう？　もう少し伝説の足あとを追ってみよう。万三郎は狩猟の適地を求めて処々方々を歩きまわり（古代の放浪狩猟を暗示している）、ようやく仙台名取川の流域にたどりついた。そこは山高く、木清くして、瀑布あり、草木繁茂して鳥獣多く、申し分のない所だったので、万三郎はここに落ちつくことに決め狩りを続けた。日向盤次、日蔭盤次、裏盤次という山名がいまも遺っているが、彼がうろついた所だという。この辺は雄大なる山岳地帯で、一歩峰を越えれば山寺立石寺の裏山に続いている。

そのころ万三郎の住居がどの辺であったかというと、出羽の国から二口（ふたくち）峠を越えて風の

戸橋を渡り、柳坂（矢抜け坂とも呼び、万三郎が猟を止めて矢を投げた所という伝説がある）を下り、再び川を渉って名取川の北岸に出ると突き当りに大きな岩窟があって、これが日向盤次岩といわれているが、彼はここに住んでいたという。

「仙台潘封内記」に『古昔、万二、万三郎といへる兄弟の狩人あり、万二は羽州二口と称とする岳にあり、万三郎は茂庭の綱木山に居り、常に禽獣を猟して業とし、万三郎の居りし処を万三岳と称す』とあり、また「奥羽観跡聞老志」には『府城の西、大梅寺に高山あり、屈曲十八町相伝ふ是れ亦盤次盤三郎遊息の地なりと、山上に其の像を安ず』とある。大梅寺は名取、宮城両郡にまたがる綱木山の山麓にあって、松島の瑞巌寺を中興した雲居禅師の建立である。禅師は万三郎をここの鎮護地主神として祀った。

万事万三郎にまつわる伝説——秋保村の鬼退治、面白権現の妖怪退治など——は数限りがないが、書き落とせないものは『山達根本之巻』に述べられている物語であろう。これによって万三郎がわが国マタギの始祖とされているからである。山達（あるいは山立）とはマタギのことである。その物語はこうだ。

清和天皇の御代に、下野国日光山の麓に万事万三郎という狩人が住んでいた。天下無双の弓の名手で、山野にサル、シカなどを猟して暮らしていた。

そのころ日光権現と上野国赤木明神とは仲が悪くたびたび合戦をしたが、赤木明神は丈余の大ムカデと変身して襲ってくるので日光権現はいつも敗けていた。そこで権現は万三郎の助力を得ようと思い、白いシカになって万三郎の前に現われた。万三郎は珍しきシカだと追って山ふかくわけ入ると、シカは日光権現の御堂の前までゆき、ここで神体に戻って曰く「汝をこれに導いたのはほかでもない。汝は弓の名人ゆえ、赤木の大ムカデを射てもらいたい」と頼んだ。万三郎かしこみ受けて、合戦のとき強弓をひきしぼって大ムカデの両眼を射たので、日光側の大勝利となった。そこで喜ばれた日光権現は「汝はまさに日の本一のマタギの頭である。これより日本国中の山々岳々の鳥獣を狩って差し支えなし」と許した。

この『山達根本之巻』も、おそらく室町時代に誰かの手で書かれたものであろうが、マタギたちは「自分らは万三郎の流れをひくのだから、全国の山野で狩りをするのだ」と伝えてきた。シカリ（マタギのリーダー）はこの巻物を謹写して大事に秘蔵し、日ごろは神棚の山神に捧げ、山に入るときだけ持参した。彼らはつい最近まで（昭和十年ごろ）は部外者には見せず、家人にも（殊に女性には）手も触れさせなかった。

巻物は、文体には多少の相違があるが内容はどれも同じである（グラフP.120の写真がそれで、秘巻の全文は巻尾の備考欄〔註1〕P.264を参照されたい）。

万三郎の伝説的足跡は最後に秋田に入っている。立石寺の古記によると「羽後の荒瀬に行った」とだけあって、戻ってきたとは記してない。しかも万三郎の子孫の定六は荒瀬（今の阿仁町）から遠くない北秋田郡十二所町に住んでいたらしい。同町の老犬神社の記録によると、万三郎の子孫の定六に、慶長九年甲辰五月、南部大膳太夫から又鬼免許の巻物が下されたとある。マタギたちが信仰的に秘蔵する『山達根本之巻』は、案外こんなところから出ているのかも知れないが、とにかくそれらのことから考え併せると、万事万三郎という名狩人が——実在だったとすると——大阿仁地区に入ってそこで一生を終えたとも考えられる。

万事万三郎に関する伝説や遺跡が、山形、宮城、秋田に夥しくのこされているのを見ても、あるいはそういった人物がいたかもしれないし、いたとすればやはり、この地方だったのだろう。今日もなお、この三県にマタギが多く残存している地理的条件を考えてもうなずける。大正年間に立石寺から阿仁の耕田寺に万三郎に関する伝説足跡の照会があったとき、耕田寺は調査して次の報告をしている。即ち、昔、犬を連れたマタギが岳に登り、降りてこないので行ってみたら石になっていたという伝説がある。これは万三郎がこの地方の山岳に登り遭難したのではなかろうか——と。

もちろんこれは臆測の域を出ないが、万三郎の足跡は阿仁に入って消えている。阿仁のマタギたちが、自分らこそ万事万三郎の直系だと自負するのは、この辺に起因しているようだ。

山神さま

山岳はマタギたちにとっては単なる狩猟の場所ではない。そこは山の幸を山の神さまが狩人に授けてくれる霊場なのである。だからマタギたちは山岳を神聖な所と謹み敬い、獲物となる鳥獣をも尊重した。つまり敬虔な態度で狩りをしたのである。このことはアイヌ猟師の山岳や狩猟獣に対する考え方と一脈通ずるところがあるように思われる。

従ってマタギ村の人たちの山神に対する信仰は、狩りに関する禁忌(タブー)がひどくゆるんでしまった今日でもなお厳然として存している。根子では大半の家が山神像を祀るか、山神図を秘蔵している。

私が昭和三十二年の正月、野口昴明画伯と根子を訪れたとき、ある古老の家を訪ねると、その家の孫に当る青年が野口画伯に、

「先生、ひとつ山神さまを描いて頂けませんか。私の家にも昔はあったんですが焼けまし

て、それ以来手に入らんのです。山神さまに申し訳ないですから……」としきりに頼んでいた。

山神さまを祀っていないと申し訳ない。山に入ったときにきっとお咎めをうけるに違いないという考えが、今日の青年にすらあるのだ。馬鹿くさい——なんて考えるのは都会人的な考え方といえる。油断すれば凍死してしまうような薄着をして、雪崩のくる雪山にいく日も野宿して猛獣と闘うのだから、死の危険とはいつも背中合せになっている。信仰心が起こるのは当然といえよう。村では平凡な農耕人である彼らも一旦山に入ると人が変ったようになる。これは昔ながらのマタギ魂と伝統とが生きているからに違いない。

山神はヤマノカミともサンジン（あるいはサンジンサマ）とも言う。この呼び方は土地によって違うが、戸鳥内（とりない）、中村、打当（うっとう）など打当川流域のマタギはヤマノカミと呼び、八木沢、萩形（はぎなり）、根子などではサンジンサマといっている。一説によると、昔は根子あたりもヤマノカミと言っていたが、鉱山業者が入ってきてサンジンサマというので、これが木樵（きこり）や炭焼などの山子に伝わり、だんだんにマタギたちもそれにならうようになったと謂（い）う。

ところで山神はどんな姿をしているか？　もちろん誰も見た人はないのだが、今日残されている木像、絵図によっても、姿はまちまちだ。佐藤忠俊家の木像は孔子像のようだし、佐藤平安氏宅の絵図は鍾馗（しょうき）に近かった。八木沢、萩形の山神祠にある神体は長髭（ちょうしゅ）（あごひげ）の老人である。

つまり山神は霊的な存在であって、こんな姿だという統一したものはなく、彫刻家や画家の頭から創造されたものらしい。

また一説には女神説もある。マタギたちは山に入るときは髭などをきれいに剃り、身ぎれいにして行ったものだというが、これは山神がむさくるしい男を嫌われるからだと信じられている。

山神は非常に嫉妬ぶかいともいわれている。山入り前にマタギが一週間は女性を近づけないことや、マタギが山に入ってる間、その妻は美しく粧わないというのは、主人と労苦を共にするという意味だけでなく、嫉妬ぶかい女神への遠慮の意味もある。女房のことを俗にヤマノカミと言ったりするが、案外これが語源かもしれない。

マタギの古老たちに、姿が見えないのに山神の存在をなにによって信じるか？　とたずねると、山神さまの声を聞くからだと答える。「山神のサカブ」というのがそれだ。

サカブとは叫びの訛りで、言いかえれば「山神の雄叫び」ということになろう。マタギは山入りするに当っては、山神の叫びを常に注意していなければならない。そのためには心身を清め、耳を澄ましていなければいけないといわれている。なんとなれば山神のサカブはお導きなのだから、聞きのがしては申し訳ないからだという。マタギ研究家の早川孝太郎氏の報告（昭和十二年一月春陽堂発行方言第七巻第一号）によると『萩形の山田岩蔵氏の経験と表現に従ふと、細くて堅い声で、遠い遠い処で響く鉦の音に稍々似てゐる。女声に幾分似てゐるがそれとも異ふ。山田氏はこれまでは二回聞いた経験があることと、その父なる人から受けた暗示を有って居るらしいので、いろいろと問訊（とひただ）して得た私の感想を経験に当嵌めていふと、恰（あたか）も頭痛のする時などに耳底がジーンと鳴る如く感ずる事がある。或は急激に柱などに頭を打突けた瞬間、頭蓋が振動を受けて耳底に一種の響を感ずる事があるが、さういった時の音響感に近く、一般の言慣はしに謂ふ耳鳴りの類も関係があるかと思ふ。また山神のサカブは、例へば同一個所に五人十人のマタギが居ても全部に聞こえるとは限らない。その中の頭目か、又は他の一、二の者だけである。（中略）尚山神のサカブは吉祥とし、それに依って行動を起すので其方向に進めば必ず獲物（主として熊）を発見する。殊に東方に聞えるを最もよしとするので、さうした場合は何処迄も進んでゆく。明治三十何年かに大平山の奥のイグスモリで見出し、それから二里奥フトドマリで捕った熊は身丈七尺五寸あり、未曽有の大熊であったが、其時も山神のサカブ声に依って発見したものである。其時奉納したといふ額が今も山神社にある』とある。

私は山神のサカブは一種の幻聴ではないかと思う。深山にわけ入ると全く静かで、聞えるものは風の音、水の音、樹々のすれ合う音ぐらいで、狩りをする者たちは全神経を眼と耳に集中させて獲物を捜している。そういうときは幻聴が聞えやすい状態になっている。木樵などがいう〝木伐（きき）り坊〟に類した現象が起こるのだろう。私もかつて野生のサルを追って三週間ほど吾妻（あづま）山中に籠ったことがある。なかなかサルの群が発見できずに懸命になっていたら、十七、八日目ごろからどこかでしきりとサルの鳴く声がしてきた。夜ねむっていてもサルの声が聞えてくる。幻聴だろうが、山神のサカブもちょうどそれではなかろうか?

根子の長老である山田運蔵さん、山田長吉さん、佐藤富松さんに山神のサカブを聞いたことがあるかとたずねたが、三人とも「自分は聞かないが、わしらが若いころにはサカブを聞いたというマタギはこの村にもいた」と答えた。やはり何人いても聞えるのはその中に一人にだけだという。マタギたちは、その者が特に山神さまに気に入られたからだと信じているが、これなどから考えても、実際に発せられた音声でないことは確かだ。また彼らは鼓(つづみ)の音も聞くという。深夜に山中で鼓の音を耳にするとのことだが、特に高山に登ったとき聞くという。やはりサカブと同じ幻聴だと私は考える。

マタギ組

　武道に諸流、諸派があるように、マタギにも流儀流派が見られる。狩猟の起源の伝承に関して教義の差から起こったもので、日光派マタギと高野派マタギがある。日光派が『山達根本之巻』にある日光権現から許されたものとしているのに対して、高野派は弘法大師から獣に対する引導としての秘巻を与えられたものとし、獣を殺してもこれがあれば罪にならないという考え方をしている。そして阿仁マタギは日光派に属している。流派は教義の差から起こったものだが、流儀は狩りの方法の差からきた。これには青葉流、小玉流、重野流の三つがあるが、阿仁マタギは重野流といわれている。

　マタギには、こうした流儀流派をかたく守ってゆくために厳然とした結束が必要だった。そうしてでき上がったのがマタギの社会制度だった。今日ではマタギの社会制度は崩れ去ったが、大正の初年ごろまではちゃんと残存していたのである。即ちマタギ組の制度というのがこれで、村内につくられてあった。これは阿仁地方だけでなく、仙北地方でもその他の地方でもそうであったが、似たようなものだから根子を例にとって述べる。

根子は開村当時は一八戸といわれた（現在〈昭和五十九年〉は約八二戸である）。大正五、六年の第一次世界大戦後の好景気の波はこの山間部にも押しよせ、獣皮や売薬で得た物質的余裕で従来の伍長（ゴジョウと発音）制度が廃止されて、委員選挙制になったりして、村の行政面や慣習に大変化を与えたが、それまでは旧藩時代のマタギ社会制度が続いていた。そのころは大阿仁地区は荒瀬村（昭十一年まで）といって、村は一七の集落からなっていた。根子はその一つだった。

荒瀬村には名主又は庄屋（今日の村長）に当る肝煎（肝入りとも書く）が一人だけいた。肝煎はとても各集落に眼を通すことができないので、各集落に一人ずつ集落長を置いて集落の元締めをやらせていた。この集落長は親方（オヤガタと発音）と呼ばれ、今日の区長のような事務を扱っていた（地主とも呼ばれた）。この親方の下に五人組の組頭というのが数人あった。組頭はその後（今から約六十年ほど前）に伍長と呼び名が変り、これが第一次大戦後、委員に置きかえられたのである。組頭は世襲で、四人の組の者を直属としてもっていた。この四人の組員は小前または小人と呼ばれ、組頭と小前との間柄は親と子、本家と分家の関係、小前同士は兄弟の関係にあった。小前は組頭の命に服し、なにかあると集まってきて力を貸す。そのかわりに組頭は小前たちの面倒を見るといった塩梅で、この五人をひっくるめて五人組といった。

組頭は部落内ではあくまで親方の下に立たされていたが、力はあって、村の重要な決定事項には必ず親方から召集されて合議制で決めた。団体行動はもちろん、行事から休日まで、村の運営はいちいち組頭の合議決定がなければならなかった。

ところで小前(こまえ)たちが意見をのべたいときは組頭に言えばいいことになっていたが、遠慮して言い出せないこともある。その聞き役というのが二名決められていて、これを小前頭(がしら)(または小人頭(こびとがしら))といった(巻尾備考欄〔註二〕P.271を参照されたい)。

組頭はそれぞれ世襲の家号をもっていた。善兵衛、忠太、七之丞、文左衛門、半四郎、伊之助……といったもので、七之丞という家号をもっている組頭に属している者をひっくるめて七之丞組といった。これが狩りを行う場合の一単位で、つまりマタギ組なのである。根子では七之丞組、伊之助組、善兵衛組というのが名門のマタギ組であった。

小規模の狩りならば一組のマタギ組だけでやったが、大規模の巻狩りとなると幾つかの組が合同協力して行った。そんな場合、全員を指揮する統率者は組頭の中から老練な者が選ばれてなった。これをシカリ(またはスカリ、土地によってはレッチュウ)と呼ぶ。シカリは山では絶対の権力者であって、たとえ親方であろうと肝煎であろうと、小前なみに扱った。山でシカリの命令に背いた者はすぐに下山させられるか、サンダラゴリといって雪の上に裸になって坐らせられ、水垢離(みずごり)をとらされた。

しかし、それも山だけのことで村に戻ってくるとシカリは解消する。つまり、村での行政上の地位と狩りでの指導的地位とは絶対に混同されなかった。

こんどの大戦中に荒瀬村の村長をした佐藤忠俊さんも、山に入ってはふだんぺこぺこと頭をさげてくる小作人のシカリに怒鳴られ、なんどか水垢離をとらせられたことを語っていたが、目上の者であろうとも、この世界に入ったら容赦なくやっつけるという軍隊式のスパルタ教育が、超人的なマタギなるものを創造したのだろう。

さて狩りをしようということがマタギ組で決まると、吉日を卜して一同は組頭に率いられ（数組合同でやる場合はシカリとなる組頭の引率で）山神社である根子神社に詣でる。ここで神前に御神酒を供え、組頭から順々に回し飲みする。これを「穴入れの御神酒」という。つまり、あの山の自分が知ってる穴に、どうかクマが入ってますように……との願いをこめて祈るからだ。山入りには三日間山に入るのを三日山、五日入るのを五日山という、順に七日山、九日山、十二日山と区切ってゆく。十二日山で一期間を終るのが普通で、それらの日には早朝に水垢離（水のないところでは雪垢離）をとり、潔斎することになっていた。もっとも十二日を一期間とするといってもそれ以上山に入らぬというわけではない。四十数日山に入っていた例もある。

しばしば狩りをする山にはマタギたちは狩小屋を作っている。そこが山で狩りをしている間の根拠地になるわけで、それだからこの小屋を大事にして、秋などには山に登って小屋の修理や手入れをしておく。食糧を運んでおくこともある。

いよいよ山に入る日が近づくと婦人を近づけない。そして出発の日は一同して水垢離をし、唱え言葉というのを唱えて里（下界）での穢れを去り、潔斎してわが家の神棚にある山神さまに握り飯を供え、それから出発するのを常とした。

山入りのときシカリは山達の秘巻とオコゼの干物を懐中にしてゆく。オコゼも秘巻同様に里では絶対に見てはならぬとされていた。これらは山に入って狩小屋の棚に供えるが、緊急な場合はとり出して祈る。

山神さまは普通の神さまのように家に留まっているのではなく、常にマタギたちと共に行動していられると彼らは信じている。

オコゼは十二枚の紙に包んで持参するが、これには面白い理由がある。オコゼというのはオニコゼという魚であるが、必ずしも魚のオコゼと限らず、土地によってはシカの耳の切りとったものや、毒毛虫、巻貝などの干したのをオコゼといっているところもある。

山神さまはひどい醜女である――と何時の頃からか伝わった。山神は自分の面相の悪いのをひどく気にやんでいる。ところで山が荒れたり、雪崩が頻発して獲物がとれないのは山神さまの御機嫌がわるいからだ。そんなときシカリはお守りのように大事にしていたオコゼを、紙を開いてそっと見せる。オコゼという魚はまたグロテスクな面構えをしているから、山神さまはこれを見て、世の中にあたしよりもひどい面をした奴がいるのか――と安心して機嫌をなおす。それで山も鎮まり、獲物もとれる、と言い伝えられているからだ。十二枚の紙に包んであるのは、一度に見せず、一枚一枚めくって山神さまを騙しだまし機嫌をとり結ぶためだといっている古老もある。

このほかにシカリが必ず山に持参したものは節分にまいた豆と餅だ。これは山で食物のなくなったときの非常食という根本の意味があるが、マタギたちは信仰に結びつけて考えている。節分の豆を食べると遭難しない、怪我をしないと信じられている。だから狩小屋に着くとシカリは一同に豆を三粒ずつ分けて食べさせる。

餅は神餅と呼ばれ、旧正月に十二個の餅を搗き、カチカチになるまで乾かしておく。山に入ってからは鍋の汁をこれに塗っては乾かし、塗っては乾かししている。この餅はいよいよの時でなければ口にしないし、絶対に婦人には食べさせない。

ところでマタギたちの信仰上の動物にコダマネズミというのがある。小玉鼡と書いてあることもある。このコダマネズミはマタギたちの言葉をかりると『深山に棲むネズミで、大きさはナンキンネズミぐらいで、背に三筋の火型がついている。四、五匹が群れて木の空洞に棲み、寒い冬の季節は丸く玉のようになっている』という。武藤鉄城氏は、コダマネズミとはヤマネのことだろうと述べているが、私はヤマネと混同してでっちあげた想像上の動物だと思う。なんとなれば、コダマネズミについてマタギたちはこう伝えているからである。

『コダマネズミは山入りをしたマタギたちの身辺に棲むふしぎなネズミで、寒い夜など物すごい音をたてて破裂し、肉も骨も毛皮も一瞬にして飛び散ってしまう。この音を聞いたらすぐに下山しなければいけない。これは山神さまがお腹立ちになっている証拠だからだ』

コダマネズミは六人の狩人の化けた霊であるという伝説もある。昔、七人組と六人組との二組のマタギが山に入ってそれぞれの狩小屋に泊っていた。すると夜ふけてから一人の子供をつれた女が六人組の小屋をほとほと叩いて、道に迷って困っています。ぜひ泊めて下さい、とたのんだ。六人組は女人を泊めるのは山の掟に背くからならぬ、と断った。女は仕方なく、こんどは七人組の小屋にきて一夜の宿を乞うた。

七人組は女人禁制とは知っていたが、あまり気の毒なので泊めてやった。翌朝七人組が眼をさますと既に女も子供もいなくなっていた。その日はすばらしい大猟で、七人組は喜び下山しようと六人組の小屋をのぞいて見ると人影はなく、六匹の妙なネズミがちょろちょろと這いまわっていた。これがコダマネズミで、女は山神の化身だったと伝えられている。

根子の古老はコダマネズミは背中からはじけると言っている。根子の佐藤正夫氏の調査では、コダマネズミが狩りの邪魔をするのは、阿仁では重野流の猟法が発達繁栄したのに小玉流が廃れたため、小玉流マタギの恨みが凝ったものだと伝えられている由である。コダマネズミのはじける音を聞いたときは、シカリは次の祓いの言葉を三度唱えると難が避けられるという。

ソッチハ　コダマノルイカ　コッチハ　シゲノノルイ　ブンブキママニクラス　ナムアブランケンソハカ

山達作法

山達の作法は極めて厳格で、また厳しいものであった。幾十幾百とある作法や禁忌を覚えこむには数年かかった。

山に入ることを山忌みというほど禁忌でがんじがらめにされていた。

山に入っては絶対に静粛でなければいけない。咳ばらい、あくび、歌、口笛は禁じられ、ぜひ必要な話をするときは低い声でする。器具のとり扱いも音のしないようにする。足音を立ててはいけない。酒も煙草もいけない（ただ山神に供える神酒だけは許される）。

山に入ってからは穢れのある里の言葉は使ってはならず、全然べつの山言葉で語らなければならない。これを覚えるのに少なくとも三年はかかる。山言葉は山でだけしか喋れないからだ。

例えば里で、

「皮をはいだらはやくもって来いや。煮て食うから……」

というのを、山に入るとマタギたちはこういう。

「皮へもくたらはやもてこ。わばかしてつむ」

まるで外国語のようである（阿仁地方の里言葉、山言葉については備考欄〔註二〕P.271を参照されたい）。

夜、山で眠るときは囲炉裏を中心にして足を前に出し、一同車形になって丸まって眠る。各人の間は蓑や茣蓙で区切るが、これは言葉の穢れが他に及ぶのを防ぐための用意だといわれている。

前にも述べたが、マタギは節分の豆を非常に大事にするが、この社会では豆を煎るということに細心の注意をする。マタギたちが最も怖れるのは雪崩である。だから山に入っているマタギの家では出猟中は豆を煎らない。豆を煎ってそのはじける音が山に響いて雪崩を誘うと信じられているからで、マタギが胡椒を携行しないのも同じような意味だ。胡椒は熱をもつから雪をゆるませるという。大正の十二、三年の頃だった。仙北の田沢湖から大覚野にゆく途中にある上桧木内のマタギが五人で山形県に出猟した。と、そのうちの一人の留守宅で豆を煎ろうとしたので村の者が注意した。だがその家の女房は「豆の音が山形まで届くかよ。迷信だてば……」と嗤った。

その翌日、五人組は大雪崩に遭った。ほかの四人は救出されたが、豆を煎った家の主人だけは圧死したと伝えられている。

これなどはもちろん偶然の一致であろうが、マタギ村の教訓として今日もなお語られている。つまり雪崩や氷割れに対する心構えをいましめたものに違いない。豆を煎るくらいの小さな振動でも雪崩は起こる、胡椒の熱でも氷割れが生ずる、気をつけろという訓えだろう。私も秋田の白岩岳で表層新雪雪崩に遭ったことがある。幸いにして、そう大きくなかったので難を免れたが、それは尾根を歩いていたマタギの一人が転んだために生じたものだった。今日でもマタギの家では、主人の出猟中は煎豆をしない。迷信だと思っても、よくないといわれれば不安だからだろう。節分の豆だけはなぜよいかというと、煎物の明ける日だからだという。

最近はマタギ社会も近代化して、ナイロン製のアノラックを着たり、キルティングを用いたり、防水したスキーズボンをはいたり、セーターを持参したりしているが、一昔前までは昔通りのマタギ衣装で山に入ったものであった。

それは今日のわれわれの想像を絶する軽装だった。褌だけの素肌の上に白木綿の肌着をつける。その上に剣道着のような木綿の刺子を着る。肌着はやめていきなり刺子だけのときもある。刺子の袖は肘までの長さしかない。刺子を着て前から吹雪が入ってこないために麻の胸当（職人の腹がけのようなものだが単衣である）をつける。褌の上にはモモヒキ類はいっさい用いない。汗で肌にまといつき、それが凍るからだ。素肌の上にやはり麻布単衣の山袴（やまばかま）をはく。手には手甲（てっこう）、足にはハバキ（ハンバキという）をつけるが、肘とか膝とかの関節は運動を防げないように覆わない。また手甲やハバキ、山袴の下についている紐はぐるぐると巻きつけて挟むだけで結ばない。雪で湿ると解けにくくなるからだ。

次に風呂敷のような布を三角型に折ってかぶる。布の模様だけが個人的な差をつける唯一の装飾といってよく、あとは狩衣装は誰のでも同じ色彩、つくりである。この頭巾は吹雪除けだ。吹雪のときはアマブタというマタギ笠をかぶり、カモシカか犬の皮を雪除けに背負った。手にはカモシカの毛皮で作ったテクリケヤシという手袋、ヌックルミまたはケラソッカという毛皮の足袋をつける。これだけの薄着で雪山で、小屋のないときは雪洞を掘って何日も何十日も暮らすのだから気がゆるんでいると凍死したり、遭難する危険がある。マタギの山忌みはそういったことを防止するために自然的に発生した戒律といっていい。

根子には今日もなお水垢離場というのが残っている。もちろん現在では水垢離するものもなく、ただの水汲み場になっているが、一昔前までは山に入るマタギたちは、ここで垢離をして身を清めてから出発したものであった。

マタギたちは穢れということを極端に嫌う。だから彼らは山入りする前は、集会や祝儀などに顔を出すことを極度に避けた。殊に死火（しび）（死人の出た家の火）と産火（さんび）（お産のあった家の火）に接することは禁忌とされていた。万一やむなくそうした家にいかねばならなくなった場合は茶も酒も口にしなかったし、煙草ものまなかった。そうした家の火や、火を使った物は穢れがあるとされていたからだ。こうした死火を嫌う狩人の習慣は九州にもあって、九州地方では黒不浄といっている。産火の穢れというのは女の穢れというのと同じ意味で、月経を忌むことから来ている。佐藤富松さんから聞いた話だと、一同して水垢離をとってさて出発しようとしたら顔みしりの女に挨拶された。そこで戻って水垢離のやり直しをやって出かけたことがあった、と。旅に出ても女の姿が見えている間は誰も口をきかない。顔をそむけて見ないようにしたという。女人の穢れを忌むと同時に山神に嫉妬されることを極度に警戒したのだ。

マタギは山に入るとまず狩小屋に落ちつく、このときもシカリが小屋に入らないうちにほかの者が入ることは許されない。シカリは『山達根本之巻』とオコゼを神棚に供えてから上座に坐る。巻物の代りにお札を貼(は)って代用する場合もある。食糧としては米と味噌、塩ていどの物を若いマタギが担いで行くが、荷担ぎのマタギはそのまますぐに小屋には入れない。火打石で切り火をして、水垢離をとった後でないと入れてくれない。米は山言葉でクサノミといい、穢れの多い里で作られたものだからである。薪を燃すには最初は火打石の火でつけた。聖火の意味だ。囲炉裏に火が起きると一同車座になって坐るが、最上席のシカリに続いてあとは年齢順に坐った。このほかの山達作法の主なものを挙げるならば「炉にかけた鉤鼻(かぎばな)はシカリの方に向けてはいけない」「鍋や釜のつる越しに飯や汁を盛ると獣が尾根のつる渡りをして逃げるからしてはならぬ」「鍋や釜の耳越しに盛ってもいけない」「炉に燃し木を逆くべ（枝先の方を下にして突込むように）してはならぬ」「鍋は正しくかけねばならぬ」「席に坐ってる人のうしろを通ってはいけない。これを間違えると元へ戻して前を通らされる」「夢の話をお互い勝手にしてはならぬ。シカリの発言があれば夢合せをやるが、朝食前にはしない」「手を打って祈ってはいけない」等々、まだたくさんある。

マタギも三年やらないと一人前にならないといわれる。辛い修行をしてこそ一人前のマタギとして認められるし、村でも対等のつき合いができ、嫁のきてもあるので、青年たちは歯を喰いしばって修行した。佐藤忠俊さんは修行時代の苦しかったことをこう話してくれた。

「私の家は代々親方（おやがた）の家だったから、山サ入らなくともいいのだがマタギの村である以上、ひと通りマタギ修行はしなくてはならねと親父にいわれてシャ。十六のとき初マタギで山達した。私を山サ連れていってくれたのは、いつも私の家サやってきてはへえこら頭を下げてる村の爺（じ）さまだったが、山に入ると向こうはシカリでシャ、絶対に頭が上がらね。皆は足が速いからさっさと行ってしまう。こっちは重い米を担がせられてるから遅れて悲鳴をあげる。すると心がゆるんでるとサンダラゴリだ。雪の上に裸で坐らされ、水をなん杯も浴びせられる。最初だから山言葉はさっぱりわからない、つい里言葉で話すとまた水垢離。米を担がせておいて、担いだからといって水垢離、どうしても水垢離せにゃならんようにできてる。汚い話だがウンコをしてたらカモシカに出られてシャ、鉄砲を木にたてかけてたのですぐ射てなかった。マタギは寝てる間も鉄砲を放さねもんだとまた水垢離、飯の盛り方がわるいといっては水垢離、さんざんでしたよ。一番まいったのは食事でシャ。飯は盛りきり一杯、その代り鍋の肉を食えというわけ。鍋は小屋に入って火にかけたら山を下りるまで洗わないのが慣習でシャ。前の残りに新しい獲物の肉を入れる。マタギ鍋がきれいになってるようではだめだというんです。この鍋の中味が凄い。ウサギだろうがタヌキだろうが、皮をむいたのをぶつ切りにしてそのまま投げこむんだから慣れないと、とても食えたもんじゃない。煮えてゆくうちに腸から出てきた糞なんかがポカポカ浮いてくるのシャ。煮えたとなるとシカリが皆のワッパ（木椀）さ、ざぶ、ざぶッと注ぐ。注がれた物は残してはなんねえ作法で、糞でも食わにゃならんのシャ。じいっと見ていると汁の中にウサギの胎児がぽかっと浮かび上がった。私は見ただけでげえっとなってシャ。どうか俺のワッパさ注がれねえようにと念じてたが、意地のわるいもんで、シカリが私のワッパに注いだのシャ。丸のままでしょう。むかむかするのを眼を閉じて、ぐっと呑みこんだときは涙がこぼれましてね」

こんな塩梅だった。

マタギの山達作法は当人だけでなく、留守を護る家族にも及んでいる。これはマタギを成功させるのも家族の精神的な協力がなければ駄目だということをいっているのだろう。

大たい次のようなことが、家族のつとめとしてきめられていた。

「マタギが山に入っている間、月の一、五、八、十二、十五、十七、二十八の日には、家族して山神社に参詣し、夫や父の成功と無事を祈願せねばならない」「家族のうちに男がいれば、毎朝、笹垢離をとる（笹垢離というのは山竹の葉を水にひたして、両肩にかける水垢離の一種である）」「マタギが常用していた枕を神棚に供える」「子供のかくれんぼ遊びを禁ずる。これは獲物がかくれるということからきている」「妻は夫が山にいる間は髪を結ったり、化粧したり、よい着物をきたりしてはならない（山神様の嫉妬から夫を護るため）」「留守中の妻は仰向けになって寝てはいけない（山で丸まって寝ている夫と労苦を分かちあえ、という意味らしい）」「獲物がとれたことがわかれば、山神社にお礼詣りをする」こういったことだ。

さて、垢離のとり方にもいろいろとあった。穢れを祓（はら）うという意味があるのだから唱え言葉というのを唱えねばならなかった。つまり一種の呪文で、この唱え言葉が間違っていたり、途中でつっかえたり、忘れたりしたのでは、水を何杯かぶろうともなんにもならないので、特に大事な作法とされていた。

マタギが穢れを祓ったり、災難を避けたりできるのは、この唱え言葉を知っているからだと信じられ、それゆえに彼らは唱え言葉を、そのとき以外に口にすることを慎んだ。

唱え言葉の種類も多い。水垢離をとるときの唱え言葉、獲物を獲ったときの唱え言葉、獲物の肉を神に捧げて、次の戦果を願うときの唱え言葉、野宿の場合の唱え言葉、雪崩を除けるときの唱え言葉、コダマネズミの音を耳にしたときの唱え言葉、死火産火にあったときの火戻しの唱え言葉等々、数限りなくある（巻尾備考欄〔註四〕P.２８３を参照されたい）。

いまここでは一例を挙げておこう。水垢離にも場所と条件によってやり方が異なっていた。水のないところでは、素っ裸となって笹の葉を両手に持ち、初めに右手で縦に裂き、左の肩口から後に、ちょうど水を浴びるような形でほうる。次に左手で裂いて右の肩口から投げ、こんどはまた左の肩口から投げる。

そして次の唱え言葉を三度くり返して唱えるのだ。

コヤマダケ　ネザサ　サネノタマリミズ

ワガミニサンド　アブランケン　ソハカ

当世マタギ

前項に述べたようなことは、しかし、今日では既に過去のものとなった。

万事万三郎終焉の地と称している根子でさえも、『山達根本之巻』を秘蔵している人はもはや何人もいないだろう。

かつて山田運蔵さんは私にこう語った。

「いまどき山言葉だの、水垢離だのといったって、年よりがなんの世まよいごとをいうと笑いものにされるがオチだから、何も言わねえのシャ。

五十歳以下のマタギだら山言葉もあんまり知らねえべし、若いもんだば全く知らね。

山言葉も里におりてきて、里言葉の中に混って使われてるども、誰もそれが山言葉だなんて気づいていねえのシャ。頭目のことをシカリというし、寝ることをスマル、槍はタテ、雪はワシ……こんなのはみんな山言葉だから昔は里では使わなかった。

家のまわりの畑でもそうだシャ。お気づきだと思うが、マタギの家には前かうしろに小さな畑がついてるども、これは麻を植えるためのものでシャ、昔はみんな麻を植え、それで麻布を織り、狩衣を作ったもんだ。今日ではみんな野菜を作ったり、トマトをならしたりしてるどもな」

たしかにいまはマタギと自称していても、昔のマタギとはまったく変貌している。『山達根本之巻』もオコゼも、節分の豆も無視している。山言葉も知らなければ、山達作法にも通じていない。狩衣も改良され、銃器も発達した。

昔ならクマ槍で勝負したものだったが、今日では槍などもってゆく者はない。マタギ組の組織すら消失してしまった。しかし、そうはいうものの、昔のマタギの訓えや組織がまったく消え去ったわけではない。

今日のクマ巻きの方法も、彼らが祖先から受けついできたやり方とほとんど変っていないし、マタギ組そのものはなくなっていても、一度、狩りとなって山に入るときは、老練者がシカリとなって一同を統率してゆく。

組マタギあるいは独りマタギとして狩小屋に泊り狩りをする。だが今日ではみんな近くの山々で狩猟するだけで、遠く関東、関西、信越の山々に出かけることはまずない。クマの毛皮やテンの毛皮、クマの胆（い）などを売りはするものの、それは職業としてではない。

現在も、マタギが他処（よそ）の土地を狩りをするとしたら、ちゃんと仁義はきる。昔は、シカリがその土地のシカリだとか肝煎に挨拶して了解を得たものであった。今日ではその相手が営林署だとか駐在所に変っているだけだ。もちろん狩人の組織があればそこへ、たとえば猟友会長といった人に挨拶して協力を得ることもある。挨拶されたほうでは食糧とか根拠地の世話をしたり、勢子の協力したりするが、これに対して、頼んだ方では獲物がとれた場合はおすそ分けをする――これが今日もなおマタギ社会に生きている仁義の気風である。

山達作法でも、狩りや遭難などに直結している戒律は今日のマタギの間にも厳然として存在している。

昭和三十年の早春、私はマタギたちと一緒に宮城県の七ヶ宿のマタギ宿に泊ったことがある。

七ヶ宿というのは、山形県の二井宿から宮城県の白石市へ通ずる二井宿街道に沿った昔の宿場町である。藩政時代は参観交代の大名行列もこの街道を往来したのでかなり賑わったらしいが、いまはさびれてしまっている。ここに秋田屋という家があった。秋田の佐竹候が常宿とされていた本陣だったのでこの名がついているらしい。いまは旅館業ではなく駄菓子などを売っていた。これがマタギ宿だった。その家の内儀は私の姿を靴の先から帽子までじろじろと観察したあげくに言った。

「嫌んだァ、おらぁマタギの人だちだら扱いかたわかってるけんどもよゥ、東京の人だバ、何していいかわからねもン、ほかサ行ってけろてバ……」

その宿に着くまでに私は降雪の中を四里ほども歩いていて疲れてもいたし、日も暮れかかっていた。マタギたちも懸命に交渉してくれたが、内儀は私がマタギでないから駄目だというのだ。マタギ宿にただの旅の人を泊めては山神さまにすまねえとも言った。

そのときシカリが思いつきでこう喋った。

「この人はマタギと同じだ。山言葉も知ってるし、山の作法も心得てなさるだから……」

それなればと許可されて、ほっとしたが、同時にマタギとマタギ宿の結びつきの固さというものを、多くの説明を聞くよりも身にしみて味わった。

翌朝、われわれが狩りに出るとき宿の人たちは山神に神酒を供え、神餅をあげて私たちの幸運を祈ってくれた。また、帰りが遅れて夜半ちかくになったときは、提灯(ちょうちん)をつけて雪道を二里ほども山麓まで出迎えてくれた。

しかし、いまや七ヶ宿のこの辺りはダムになって水底に沈んだ。あのマタギ宿はどうなっただろうか——。

私は山形高等学校(旧制)の生徒のころから猟師やマタギの家を幾度も訪ねた。なん日も泊めてもらったこともある。やはり土地土地によって、それぞれ異なった気風を強く感じた。

山形県下の和田や高畠(たかはた)の狩人の家は、普通の農家に近い感じであった。鉄砲が壁にかけられていたことと、庭先きにクマ狩りの猟犬である高安犬系の日本犬がいたこと、それにその家の娘さんがアケビをクマの油でいためて地酒にそえて御馳走してくれたことを除けば、たしかにマタギの家のにおいは濃厚でなかった。主人自身も、自らを猟師または狩人と呼んでマタギとは言っていなかった。

秋田県に入るとさすがにマタギ色は濃厚で、仙北地方のマタギの家には狩猟獣の毛皮などがぶら下げてあった。阿仁地方に入ると、ますますマタギ色が濃かった。神棚には山神像が飾ってあり、村ごとに山神社があった。山神社はたいてい村の中央か、高台で村全体が見通せる場所に鎮座していた。村を護る神だからというわけだろう。

森吉山麓の打当は阿仁マタギでも一番奥地のマタギ村だが、ここのマタギの家では囲炉裏（といっても今日ではほとんどがストーブに変っているが）の上に夥しいクマの頭蓋骨とクマの胆が干してあった。たずねてみると、クマの頭蓋骨や脳髄は脳病にきくといわれているので、ときどき買いにくる人があるらしい。同様の意味で足の骨が保存されている。これは神経痛や赤痢にきくという。面白いのはクマの陰茎が陰干しにされていることで、やはりシモの病いによいといわれていた。これらは果たして効能があるかどうか疑問だが、クマの胆だけは世間にも認められているだけに、今日の新薬時代にもまだかなりの高値を呼んでいる。

秋田地方で特にマタギが栄えた理由は獲物であるクマが多かったことも理由の一つであ

るが、佐竹藩がマタギの保護政策をとり、彼らがクマを仕とめた場合、胆と毛皮とを買いあげたからでもあった。

そのとき佐竹藩薬法方（やくほうかた）で渡した証文は今日も根子には多く残っているが、その一つを掲げる。

覺

根子村

七之丞

上熊膽皆掛六匁貳分

此代正錢八拾貫六百文

此金拾貳兩貳歩壹朱

正錢貳百文

右之通御買上代直々右同人江　被相渡候

時巳上

慶應三年

卯三月

御製藥所（印）

秋田佐竹藩ではクマの胆を常備薬としただけでなく、幕府へも献上していた。

クマの胆は、干上がったものが二十匁のものならば生のときは八十匁ある。最初は生胆を囲炉裏の上に吊しておく。五日ぐらいすると袋の外側が固くなってくる。そのときなまぬるの湯に漬けてやわらかくしてから簀(す)の子の上に固くなるまで置く。そうしているうちに最初の半分ぐらいに縮まる。次に小穴をいくつもあけた板で両側から挟んで、再び囲炉裏の上に置いて乾燥させる。こうしてでき上がるが、最近ではクマが少なくなったのと、胆の値段が以前より下がったので、狡(ずる)い猟師になるとほかの獣の胆を製造過程で混ぜるのがいるといわれている。

また根子では、このクマの胆にガマ、コイ、マムシの胆や山の薬草を混じえて独得なマタギ常備薬を製造している。この薬は一見すると石炭の粉のように乾燥しきっている。胃腸にきくというだけでなく、山岳跋渉(ばっしょう)のときの疲労回復や打身、腫物の塗り薬、宿酔、強精剤として偉効がある。一般に発売していないが、私は買ってながらく愛用していたが、驚くほどの効果があった。残念なことに秘伝薬であるために多量に造られていない。まさに高貴な珍薬だった。私がこの薬を知ったときは、この製造法を知っているのは根子のマタギの長老、山田長吉さんだけだった。山田さんは、秘伝だからといって製造法を口外せずこの世を去ったから、今ではもう誰にも造れない。

狩人の中にはほどんと信じられないくらい超人的な行動をする者が少なくない。私の知っているマタギにもそういった人がいる。このことを東京の友人たちに話すと、まさかと疑わしげな顔をする。しかし心身の鍛錬でわれわれは想像できないようなことも実際にやってのけているのだ。たとえば棒高跳びであるが、われわれはそうしたスポーツを知っているから人間が五メートルを越す高さを飛び越えたとしても不思議に感じない。しかしそれを知らない人種がいたとしたら、まったく不思議なことだろう。曲芸だの奇術にしても同様だ。忍術なども肉体の鍛錬によってなし得たものである。

マタギが麻布一枚で零下数十度の高山に雪穴を掘って眠り、樹木にからみついているサルオガゼを食って何日も生活したり、一日で五〇里の山道を走ったりしても決してあり得ないことではない。

いまもなお話し伝えられている実在した名人マタギの話をしよう。

名うてのマタギ

根子に幕末のころ村田竹五郎という名マタギがいた。十二歳で既に一人前のマタギに伍して山入りをしていたという。十五歳で元服したが、その年に彼は一発の弾丸で三頭のクマを射とめている。そのころの鉄砲は火縄銃だったから一発射てばすぐには射てない。だから彼は三頭のクマが遊んでいるのを発見したときすぐには射たないで、三頭が彼の方から見て一直線上に重なるのをじっと待った。三頭を重ね射ちにするつもりで火薬の量も多くした。とても十五歳の少年とは思えない大胆さである。そしてとうとう三頭を仕とめた。後に彼はマタギの王といわれるほどになった。

戊辰の役のとき、久保田（秋田）の佐竹藩は奥羽列藩同盟からはなれて官軍側についたというので、周囲から総攻撃をくった。このとき秋田のマタギたちは新組隊（しんくみ）というゲリラ隊を組織して、日ごろ世話になっている秋田藩のために闘った。

竹五郎も大いに奮戦したが、彼は射ってはねころんで弾丸をつめ、つめては起き上がって射つという射撃をした。それがまるで連発銃を発射しているように速かったという。

竹五郎の孫の西松も祖父の血をひいて名人だった。三十八、九歳の頃、山本郡と西津軽郡の境の山に雉を射ちにいって大クマにばったり出あった。弾丸をつめかえる間がないので雉弾で射った。クマは崖下に落ちた。その下は滝壺になっていた。西松はクマが死んだと思って降りていった。するとクマはむっくりと起き上がって咬みついてきた。西松はこのクマを巴投で滝壺に投げこみ、重傷を負いながらひきずって帰ってきた。

軍隊でも鉄砲の腕では彼の右に出る者がなかったが、名うての乱暴者で酒乱だったので営倉に入れられることもしばしばだった。村でも鼻つまみだったが、佐藤忠俊さんに日本刀で脅かされて以来、彼には頭が上がらなかった。能代の女に騙されて怒り、村を出奔、マタギ特有のネバリで捜して歩き、数年後に、女が大阪で情夫と暮らしているのをとうとう見つけて山刀で叩っ斬って自首した。晩年は悪く、盲目になって東京にいたのを連れ戻され、淋しく死んだ。

佐藤佐市は竹五郎時代の者だが、たった一発で獲物を斃して仕損じることがないので「一発佐市」の呼び名がついていた。無口で、向こうがものを言わなければ一日でも黙っていた。喜びも悲しみも顔に表わしたことのない男だった。

佐竹の藩主が彼の評判を聞いて、その腕前を見たいと思い、藩主所有林で大シカ三頭を射とめてこいと命じた。佐市かしこまって退出しようとすると、敷物にするのだから弾丸の傷あとがあってはならぬ、傷あとをつけないように射とめてこいとの難題。

殿様の方では難題を承知で出したわけで、佐市がどうするかと愉しみにしていた。数日たつと佐市は注文通りの大シカ三頭を車に乗せて運んできたので、調べてみるとなるほど弾丸あとがない。こんどは殿様の方がわからなくなった。

そこでどのようにして獲ったか、との御下問に佐市の答えて曰くには、シカは危険が迫って逃げるときは白扇（しらおうぎ）と称する尾を立ててゆくものである。そのときこちらで大声を発すると、ちょっと立ちどまる。その瞬間に肛門に射ちこんだのです、と。解体してみると佐市のいう通り弾丸は肛門から入って首のあたりで止まっていた。佐竹候は感心して、なるほど汝は評判通りの名人じゃ。一発佐市の名を公然と唱えるがよい。余の所有林（禁猟区）も汝に限り立ち入りゆるすと言ったと伝えられている。一発佐市は別に念入り佐市ともいわれ、自信がなければ絶対に射たなかった。半日狙って仕とめたという話もある。なかなかの堅人で女房以外の女性は知らなかったという。一発佐市が使用した火縄銃は、私が貰っていたが、私蔵すべきでないと思い、山形県の博物館に寄贈、そこに展示されている。しかし銃そのものは決して立派な品ではない。こんなものでよく走っているシカの、しかも肛門に命中させたものと感心する。

山田長吉さんの祖父にあたる山田長十郎は疾風（はやて）の長十郎といわれるほど足が速かった。

戊辰の役のときに沢為量(ためかず)卿の命をうけて根子から久保田（秋田）城まで半日で往復した。途中に二つの山岳があり、直線にしても片道七、八〇キロある。まるで天狗が飛んでいるようで、途中で出あった木樵が妖怪だと怖れたという話が遺っている。長吉さんの話だと、七十幾歳の老齢になってからでも平気で山に登り、野宿してきたそうで、凍りついた絶壁などを金カンジキをはいて木の枝の先を尖(とが)らした杖を手に、スキーの直滑降のようにすべってゆくと雪煙りで姿が見えなかったという。

勢子の乙吉は、それ以前の人だった。射撃は下手だが勢子としての追い出しにかけては名人で、まるでマタギ犬のようだった。彼は待ち構えている射ち手に、獲物を追い出すとは言わなかった。

「ここサ、つれてくるから待ってろ」

と言った。待っていろと乙吉が指定した場所に必ず獲物が追われてきたという。後に旅先の娘に惚れられて、婿となってそこにいつき、根子には戻ってこなかった。

私が知りあったマタギの中にも名人級の人はいた。

根子の佐藤富松さん（故人）もその一人だ。念入り佐市と同型の人で、クマを見ても決して驚かない。ゆっくり観察したあとで射つ。七十歳ぐらいのとき単身ふらりと出かけてはクマを仕とめて帰ってきた。打当の鈴木松治さんはおとなしい人だが、頭射ちの名人で、彼の獲ったクマはどれも頭を貫通している。村田銃を片手にもって、ロープにぶら下がりながら、崖の中腹に牙をむいていた大クマを仕とめたこともある。

仙北マタギの藤沢佐太治さんはクマとりサン公の名で呼ばれている。彼も名人マタギの一人で、彼がゆくところにクマの方から寄ってくる、といわれるほどクマの習性に通じている。これまで六十数頭のクマを仕とめているが、一度も危い目に遭ってない。彼の説によると、

「クマと格闘したりして重傷を負いながら相手を仕とめるのは、ちょっと聞くといかにも勇ましいようだが、クマとりとしては上手なほうではないすべ。本当に上手だら射ちはずしはしないもんです」

ということになる。彼は今日も健在だが、老齢のため山入りはやめたと聞いている。

幸屋渡の松橋三郎さんも上手なマタギの一人だ。松橋さんは六十五歳のときに、きのこを取りに鍰内沢(からみないさわ)に一人で出かけた。

大きな松の木があって、そこできのこをつんでいると、ホッホッホッとキジが鳴いた。これは仔連れの母仔グマだった。クマもきのこを食べにきたらしい。松橋さんがきたので母グマは心配して、仔グマを呼んだ。その声だったのだが、松橋さんはきのこ取りに夢中になっていたので、さほど気にとめなかった。

すると、いきなり背後からどさっと母グマにかぶさられた。母グマは大きな掌を松橋さんの頭にひっかけた。その爪で、頭の皮がペロッと剝がれた。気丈な松橋さんは、マタギ

のたしなみで山入りのときには腰から離さない山刀（ながさ）をさぐった。クマは咬もうとする。首を仰向けにされたらひっくり返されるから、懸命に耐えた。ここで慌ててはお終いだと、腰をさぐっていると刀のつかに手がかかった。そこで山刀を引き抜いて腋の下から背後のクマを突き刺した。これがうまく心臓に入ったので、クマは唸りをあげてとび退き、二〇メートルばかり走ったあとで死んだ。松橋さんはそれを見とどけて、里に降り、人家のところまできて気を失ったという。

正月には出稼ぎしていた人々が村（根子）に戻ってくる（'57年1月）

盆と正月

盆には家族一同盛装して墓に詣うでる。「すませたか」というのがこの日の挨拶だ（'58年7月）

上）粉雪の舞う中を獅子舞いはやってくる。頭は木彫りのままだ／根子にて（'57年1月）

右）正月の一家揃っての遊びは昔から行われている宝引きだ。方言が飛び交い笑い声が絶えない／根子にて（'57年1月）

盆がくると仙北地方では「ささら舞い」が旧家の庭先で披露される。近郷近在から大勢の人が見物に押しかける／中仙町にて（'55年7月）

芸人や芸者のいない村ではみんな芸達者だ。二人の娘さんが激しく斬り結ぶ武張った踊りに興趣は尽きない／根子・佐藤忠俊宅にて（'57年1月）

根子番楽

「番楽」というと、各自が道具を抱えて吹雪の中を集ってくる（'57年1月）

地方も立方も村の人たち。衣裳もみんな自分たちで作る（'57年1月）

荘重な舞いあれば活発な舞いあり。刀は刃びきの真剣だ。翁舞い（上）と曽我兄弟（下）（'57年1月）

「曽我」を舞う根子番楽。刀は刃びきの真剣だから打ち合うと火花が散って勇壮そのもの('57年1月)

里のくらし
～根子にて～

狭い田ではあるがよく拓かれ、村人の勤強さが物語る（'55年8月）

比立内の製材場でも多勢の女性が働いていた（'61年9月）

右上）冬の夜を老人たちは藁仕事で過す（'57年1月）。右下）モミをふるう額に汗が光る（'61年9月）

軒には干し柿・大根、天井にはモロコシが（'61年10月）

子らはエズメという桶で育つ（'57年1月）

焼畑で働く娘さん。虫除けの火縄を頭に巻いているのもマタギ村らしい（'61年10月）

戊辰戦争に出陣したマタギの墓も共同墓地にある（'61年9月）

共同墓地の地蔵さま。村の動きを黙って見守ってござる（'58年7月）

山神社にマタギ組が奉納した狛犬。組の者の名が彫られている（'61年9月）

根子の柩は豪華だ／共同墓地にて（'56年7月）

天気の日には牛を戸外に連れ出し陽に当てる（'57年1月）

雪は一夜にして 1m も積もることがある。さすが北国の山里だ（'57年1月）

風雪に耐えという言葉そのもの。雪にもめげない根子のおばあちゃん('57年1月)

脇の下から懐に手を入れて暖をとる('57年1月)

根子は美人の村だ。雪のように清純だ('57年1月)

上）カメラをじっと見つめる眼が可愛い。手で顔を隠す娘さん／七ケ宿街道にて（'54年3月）

左）クマ狩りに使うマタギ犬。この犬の数も少なくなった／豊岡にて（'62年4月）

村の歳時記

行事・祭事

大阿仁（おおあに）地区は冬が長く、雪が深い。短い春から秋にかけて働きずくめに働き通した人々も、冬の期間はすることもなく縮こまって暮らしてきた。しかし最近では交通機関の発達で、若い人たちはこの期間に暖かい地方に出稼ぎにゆく。娘たちは静岡辺りの蜜柑山に出かけ、男たちは都会地や漁村に傭われてゆく。また村に残った青壮年男子は山に入って伐木をする。伐り倒した大木は雪のある間の方が運び出しよいからだ。そんな点が昔と変ったといえる。

しかし、老人や子供や主婦たちはほとんど村に残る。この人たちにとっては昔ながらの行事に楽しみを求める気持がつよい。若い人たちはバスに乗ったり、汽車に乗ったりして町へ出て映画を見たり、音楽を楽しんだりできるが、一般の人は大部分が草深い山村にひっこんだままであるからだ。

年中行事のうちでも大きな行事であり、楽しみとなっているのはやはりなんといっても盆と正月であろう。

他処の土地へかたづいている娘や息子たちが里帰りしたり、出稼ぎ先から戻ってきたり、親類が集まったりして、血縁のつながりを深めるのに役立っているのが盆と正月——特に盆なのだ。

根子では、祖先の墓は普段あまりきれいにしておかない。墓の掃除まで手がまわらぬほど忙しいのだ——ということでご先祖さまは、草を生い繁らせるほど喜ばれるのだという考え方なのだ、と佐藤忠俊さんは話してくれた。

それだけに一族郎党が集まる盆前には一家総出で、墓所の清掃に出かける。竹を立て提灯をさげ、〆縄を張り、花を飾る。そして盆の十四日には御馳走を作り家中で盛装して、朝はやくから墓参りにゆく。私が盆にこの村を訪ねたときに、紋付に袴をはいた墓参の老人になんん人も出会った。

「昔はみんなああして墓参したもんです。近ごろはかなり略式になりましたが、それでもたまにしか着ない背広にちゃんとネクタイをしめてゆきます」

案内の佐藤さんが言った。ゆき会うごとに「やあ、すませたか？」というのが、この日の挨拶だった。墓参をすませたかという意味で、やはりいまでも村の大きな行事であることには違いない。

根子の共同墓地は、根子川を越えた村はずれの山腹にあり、そこから美しい村のたたずまいが見わたせた。昔は、墓地は峠を越えた笑内（おかしない）地区に在ったのだそうだ。

この墓地に入って目につくのは戊辰の役で戦死したマタギ、佐藤松五郎の墓だろう。松五郎は佐藤富松さんの祖父に当る。

墓には官軍秋田藩佐藤松五郎墓、羽後国於片山村戦死と彫ってある。

戊辰の役のとき、前にもちょっと述べたが、秋田の佐竹藩は奥羽列藩同盟から脱けて、官軍側についたというので孤立してしまった。佐竹藩にしてみれば、それなりの申し分があった。

初代佐竹義宣の時に、水戸から秋田に移封されたが、これは格下げだったので、佐竹家としては面白くない感情を幕府に対して持っていた。戊辰当時は佐竹義堯の代だったが、佐竹が奥羽同盟から脱けて官軍側に立ったのは、将来への見通しのよかったこともあるが、前述したような反幕感情も原因していた。

当然、秋田は四面から袋叩きにされた。兵力不足で苦戦に陥ったが、まだ官軍の主力は入ってこない。総力戦が要求された。このとき藩では義勇兵を民間から募った。これに応えたのが僧侶、郷夫、マタギたちだった。

南部勢は大葛（おおくず）越えをして、砂子沢（すなこざわ）の間道から阿仁に攻め入ろうとした。明治元年八月十四日のことである。阿仁銅山から三百人、七部落から二百人の者が出て防塁をつくった。

秋田藩士小野寺主水が八十名の藩兵に僧侶及び農民兵八十名を率いて出陣したのを最初として、村民は続々戦闘に協力した。

ここで最も目ざましかったのは、マタギたちだけで編成したゲリラ隊の新組隊で、根子をはじめ萱草、伏影、笑内、菅生、野尻、戸鳥内、栩ノ木沢、打当内、打当などから八十七名のマタギが参加した。この隊長は根子の親方佐藤正治(忠俊さんの曽祖父)だった。新組隊は長木沢、神宮寺、椿岱、大師坂方面で南部勢と激戦を交えた。なにしろ地理には明るいし、山や森林をかけめぐるのは速い、しかも射撃が巧みだときているから、南部勢はさんざんに悩まされた。それにひきかえマタギ側の戦死者は松五郎だけだった。享年三十三。

その年の九月十四日、仙北の角館から官軍が進撃してきた。奥羽鎮撫副総督の沢為量は新荘藩主戸沢正実と共に兵を率いて大仏岳を越え、大覚野峠から阿仁に入り、比立内の松橋作右衛門宅に本陣を置いた。十六日は萱草へ進出、麻生より舟で米代川を下り久保田(秋田)の城に入った。

昔は盆の墓参は十三日の夜ときまっていたが、笑内の墓地に、峠路を夜越しするとオオカミが盛んに出没して危いというので、十四日の朝参りに変更された。それが墓地を根子に移転した後でもそのままになり、オオカミのいなくなった現在も十四日早朝詣りが続いている。

盆には獅子踊りや番楽舞い(ばんがく)も行われ、十三日から二十日まで盆木の迎え火を燃やしたりする習慣がある。

一番除草に入るまでの一日を選んで行われる「さなぶり」というのも楽しみな行事の一つである。一般には田植えの終る日を前から計算しておいて、大たいその日を選んで行う。ネコの手も借りたいほどに忙しかった田植えもすんで、ほっとしたところで、御苦労さんでしたと手伝いにきた人たちをみんな招んで、骨休みの飲めや唄えの大宴会をするのが「さなぶり」だったが、最近ではこんなことよりも、老人たちは近くの湯治場にいったり、若い人たちは町へ遊びにいったりするようになった。

仙北の方にゆくと盆には「ささら踊り」がある。シカ面をかぶったささら舞いの連中が笛を吹いてやってきて、旧家の庭先などで舞い踊るのだ。

田圃の道を笛を吹きならしながらシシ面の一行がやってくる様子は、美しい詩情にあふれている。

このときは近郷近在から人々が押しかけて見物に集まり、大賑わいをする。

節分の夜、追儺(ついな)を行い、一家の年男が豆を撒くのは他処(よそ)と同じだが、唱え文句は少し違っていて、

「福はうち、鬼は外、天に花咲き、地に穣(みの)れ」

と言う。

またマタギの家では、この日に煎った豆を大事に保存して置いて、山入りのときに持参するようにする。

旧の四月八日は仕事休みの日で、この日は根子で村中そろって森吉山(もりよし)に初登山する。またこの日は山神社で的射ち(まとぶ)(競射)なども行われた。前の晩から参籠して通夜をして翌日行ったものだ。

旧の十二月十二日は仕事を休み、山神さまの掛け図をかけて神酒を供えたりするし、二月九日の山神祭りの日は鳥が巣をつくる日だからといって、四つ(午前十時)前に山へ出かけてはいけないとしている。またこの日は山神さまが弓を射る日だから山へゆくと怪我をするなどともいう。

正月は最近までは旧暦で行われているが、もう今日ではほとんど新暦でやるようになった。

大晦日(おおみそか)が近づくと餅つきの音が、どこの家からも響いてくる。ペッタンペッタンという景気のよい音で、雪に埋もれた山村も明るい正月の表情になる。

この頃になると他処(よそ)に行っていた人たちがいそいそと戻ってくる。たのしげな団らんの笑い声が起こる。

正月には本正月と小正月とあって、小正月は女の正月といわれる。旧の一月十六日から十八日までにあたり、婦人たちを十分に休ませる正月になっている。一年中をよく働くこの地の婦人たちだけに大いに意味のある慰労休暇というわけだ。正月元旦には恵比須大黒を拝んで一家食膳につき、年とりの式を行う。鏡餅を神仏に供え、親戚や知人を招いたり、招かれたりして御馳走を食べるのは他処と同じだ。子供たちは晴着をきて雪の中で嬉々として遊んでいる。

若水は元旦の朝に汲む。一年中の邪気を除くものだとして大切なことにされている。他処と違うところは村の肝煎や親方の制度がなくなり、マタギ組の解消した今日でもなお旧習に従って、正月ともなると以前の家や組頭の家に下の者が顔を揃えることだ。佐藤忠俊さんの家は、親方さんの家と呼ばれていて、正月には組頭だった富松さんだの長吉さんだのが挨拶にきていた。また小前は富松さんや長吉さんたち組頭の家に年来のお世話になっている礼を述べにくる。分家は本家に年始にくる。こういった日本古来の美しい風習がまだ残っている。

伏影や萱草では一月十六日の早朝に「朝鳥追い」という行事をする。若者や子供たちが笛や太鼓ではやし立てながら、鳥追い歌をうたって田畑をまわる儀式で、その年の豊年を祈るものだ。この鳥追い行列はなかなか厳粛で、行列の出発に遅れたものは、昔なら水垢離をとらせられたものであった。同様に前の年に結婚した者とか、十五歳に達し、初若衆として加入を認められた者も水垢離をとらせられた。若者が素っ裸になって冷水を頭から浴びている間中、笛や太鼓ではやしたて、見物人がその周辺を山をなしてとり囲んだという。これを「氷取り」の儀式と称していたものだ。

正月につきものの獅子舞いも、さすが雪の山村らしく粉雪の舞う中をやってくる。獅子の顔も東京などで見られる金ピカではなく、木彫りのままでなんともいえない寂びのあるものであった。その年じゅうの悪魔祓いを意味してることはいうまでもない。門舞い(かど)と呼んでいる。

昔、マタギ組の小前が組頭のところへ年始にゆくときは金袋に餅五きれ(または七きれ)と松、昆布、エビなどを添えて持参するのがしきたりだった。餅の大きさは横四寸、縦七寸、厚さ七分で、これを藁で結んでぶら下げていったもので、金袋には一銭銅貨を入れて「御酒大」と記したが、後には十銭を入れ「御年始」と書くようになった。

正月の遊びにも、最近ではトランプや花札が流行してきたが、昔ながらの「宝引き(ほう)」もまだ行われている。宝引きというのは一メートルぐらいの紐をたくさん作っておいて、親になったものがそれを束にして持っている。紐の一本に金が結びつけられていて、多勢の子が紐を一本ずつ握って引く遊びで、金を結びつけてある紐を引いた人は、そのお金がもらえる。

引き方に一種のかけのような方法があって、いきなり皆が一本ずつをさっと引くのではなく、二手に分れて右の組にあるとか、左の組にあると宣言して引く。親は金のありかを匿(かく)している。はずれた組はやめさせられ、残った者(子)どうしでまた宣言をしあって引いてゆく、といったやり方のようだった。方言がとび交って、笑い声が絶えない――見るからに鄙(ひな)びた古風な遊戯だ。

私たちが正月に根子を訪れた間に、珍客だというので村の人たちが多勢集まって余興をやってくれた。芸者や芸人のいない村だけに村の人たちはいずれも芸達者だった。三味線、太鼓、笛なんでもござれだ。いったいに秋田県の人は芸達者が多いが、根子の人は特にそうだと見えた。民謡を歌う主婦、踊りを披露してくれた娘さん、盆踊りの老婆など大変な御馳走だった。

特に私が珍しく感じたのは、二人の娘さんの手踊りだった。

なんという踊りなのか、踊ってくれた娘さんも知らなかったが、古くから伝わっている踊りだそうで、姉妹の仇討ちを仕組んだ踊りのようだった。二人の娘さんは短刀をひらめかして激しく斬り合った。

これは次に述べる番楽舞いの影響が多分にあるように思えた。根子番楽が男子だけの舞いであるところから見て、女性にもこうした踊りがあるのは全く面白いと感じた。

この地方では盆や正月、その他の記念すべきときに行われる神楽(ささら)系統の舞いに番楽というのがある。根子にも根子(ねっこ)番楽(ばんがく)という独特な番楽があって、秋田県芸能大会で一席に入賞してから一躍して認められた。

番楽は奥州各地で行われていて、その起こりの奥州神楽舞は平泉毛越寺の延年舞からきたものであろうといわれている。

また謡曲幸若の文句と類似点があり、各地の番楽部分々々に偶然と思われない一致点が見られるのは、一つの台本から出ているからだろう、と松田広房氏は述べている。

番楽は昔は大阿仁地方で広く行われていたらしいが、現在では根子、比立内、打当で行われているに過ぎない。なかでも根子のものが一番優れている。根子番楽の沿革について調べると、南秋田郡馬場ノ目村大字中村の番楽の伝わったものだ、といわれているが、いつの時代に伝わったかについては、はっきりしない。

根子番楽の台本には、十八曲が誌されているが、現在行われているのは十曲である。

私が最初に根子の番楽を見たのは盆の宵であった。このときは小学校の講堂で村の人たちのレクリエーションとして催された。二回目は正月の降雪の中で、特に私のために行ってくれた。

実にきびきびとした舞いで、荘重なもの、活発なものといろいろあり、刃びきをした真剣で打ち合うときはシュッ、シュッと火花が走り、ぞっとするほどの迫力があった。舞いの中に武道の手が、かなり入り込んでいるようである。

今日行われている曲というのは「つゆはらい」「鳥舞い」「翁舞い」「三番叟」「女形若子」「信夫太郎」「鞍馬」「蕨折」「曽我兄弟」「鐘巻」などで、

〽やうやう急ぎゆくほどに
　　やうやう急ぎゆくほどに
　　　伊勢の御社に急ぐなり

という幕出し歌で始まり、舞いが行われる。

松田氏は、

「根子番楽は山本郡富根村の番楽と最も似ており、また仙北郡西長野及び鳥海山北麓の由利郡荒沢二階等のものと同じ型で、まわってまわり返す型である。昭和五年秋、明治神宮に奉納舞いしたひやま番楽とは番楽の二大系統をなしているが、この区別は単なる舞い方に過ぎず、舞いの形式は神楽と共通している」

と語っている。

呼吸がぴったり一致しないと、思わぬ怪我をするので、これを公開するには早くから稽古が始められる。

根子の記録によると、明治のころに渡部丑太郎という名太夫がいた。太夫といっても、もちろん、本業はマタギである。

この人の師匠が前に述べた鉄砲の名人一発佐市こと佐藤佐市だった。

このほかに佐藤寅吉、佐藤元吉などがあった。根子番楽は老人から若者へ、若者から少年へと口うつしに仕込んでゆくという方法で伝えられてきたが、足の踏み方なども、昔のままによく残されているという。

また、比立内番楽は、南秋田郡山谷（やまたに）村の番楽を伝えたものだといわれている。

村のしきたり

山々にとり囲まれて都会的な雰囲気から遠く隔絶し、しかも狭い天地を自分らの世界として代々住みついてきた人たちに強い地方的特色があるのはいうまでもない。

阿仁町の町会議員だった根子の佐藤平安さんは、阿仁の人の村民性をこう批判した。

「大きなあぐらをかいて坐っているような森吉山の、あまりスマートでない山容が阿仁人の象徴といえましょうな。鈍重で、表現がまずく、内向的だという通有性があるが、根子もその型を免れません」

松田氏はこう言っている。

「思想制度や生活様式の民主化が叫ばれているが、その主軸をなす自己を尊び、他を救うという人権尊重の自覚はまだ低い。思想行動にも合理的統一がない。口に自由平等を唱えながら、一方では卑下して長いものには巻かれるといった事大主義に陥りやすい。悪平等にとらわれて価値性、能力、地位、男女の特質等の差別を忘れて一体化していることもある。しかし、これはひとり阿仁の問題ではなく、わが国各層の現状といえるわけだから、これが阿仁人の特質だとも言いきれない。

困苦に耐え、勤勉の堅実性は古来からここの美風である。特に女子の労働力と勤勉は特筆するに足り、村の児童生徒についていうならば、淳朴で人なつこく、概して剛健で悪質な不良性が少ない。一面粗雑で受動的で、表現力よわく、刺激の少ない環境がそうさせたといえよう。したがって自主的学習問題解決の力とぼしく反応が鈍い」

ある長老は根子の人についてこう語った。

「ここの教育程度は周囲の村に比べて特に良いんです。中学の上位の成績は根子の子供が多く占め、高等学校に入るのもここの中学卒業者が半分以上です。大学出もかなりいます。それなのに目先のことだけしか見ない欠点がある。例えば村費を百万円費って、これだけ立派な橋をかけた、といっても、そのでき上がった事業の内容よりも費った金額について云々する傾向があるんです。

それに行商で全国を回っていたのでかけひきする傾向もあります。酒の消費量も多いのです。寒いところだからというせいもあるが、私の見たところでは交際が派手なんです。料理屋はありませんが冠婚葬祭を競って盛大にやるんです。こういった点はだんだんと是正されてゆくでしょうけど……」

くり返すようだが、阿仁の、殊に根子の女性は勤勉で、よく働く。それでいながらひっこみ思案である。男子が北海道や東京や関西に出て、医師、会社員、警官、教員、薬種商などで活躍しているのに比べると、女子の進出ははるかに少ない。農閑期に出稼ぎしたとしても一時的なもので、集団で行ってすぐに戻ってくる。本人たちは東京などの大都会へ出たいという気持があっても、怖いという先入観に加えて周囲が離さないということもあるらしい。昭和二十九年度の調査では、根子から外に働きに出た娘はたった一人だった。今日では数こそ増しているが、それでも他の地方に比べると少ない。女の子は村で育ち、家事の手伝いや農耕をして、同村の気心の知れている者と結婚して、子供を産んで平凡な一生を終る、というのがここの娘たちが歩む道のようである。しかしこれは昭和三十五年ごろの話で、それから二十数年たっているのだから、あるいはかなり変化しているかもしれない。

どこの村でも封建の昔は、村の娘は村の男のものと見られていた時代があった。根子でも同様で、戦前までは村内結婚が多かった。

昭和初期ごろまでは、女の子が生れ落ちるとすぐに誰作の娘っ子は大きくなったら、誰兵衛の倅の嫁にするんじゃと、親どうしの約束ごとで決められたこともかなりあったという。

愛情の結びつきではなく、極端な言い方をすると、一個の労働力として牛馬のようにやりとりされていたのだ。

ただ例外として、村長にあたる親方の家だけは家格の関係から、近村の親方（おやがた）の家と姻を結ぶことがあったが、これすらも挙式の当日までお互いに相手の顔を見たこともなく、三々九度の盃を交したあとで、へえーこれが俺の女房かいなと見たもんだという――佐藤忠俊さんの話である。今日の常識からいえばずいぶんと乱暴な話だが、思ったほど不幸にもならなかった。

そのころの話だが、唯一の例外として若い男女の交際がもたれる場合があった。それはタマリッコ（青年宿）制度で、これは根子に限ったことではなく、昔は全国的に同じようなことがあった。

根子には昭和のはじめころまではワカゼ組（若者組合）というのがあった。男は十五歳になるとワカゼ組に入ることになっていた。十五歳から四十二歳までが組合員としての資格があった。

十五歳になってワカゼ組に入るときはモロミ（濁酒）を飲まねばならなかった。飲めない者は猥歌を歌わされた。

さて年に一度か二度、ワカゼ組の青年たちと村の娘たちはタマリッコで合宿しなければならなかった。タマリッコは村に数カ所あったという。誤解のないようにいっておくが、もちろん現在ではこんな野蛮な制度も家もない。

タマリッコには二人用の長い木枕がいくつも備えつけてあった。ここで男たちは土間に下りて草鞋（わらじ）や蓑（みの）を作り、女たちは座敷で麻糸をつむいだ。そして語り合い、たのしく一夜を過ごすのだが、この合宿の夜だけは自由に好きな相手と枕を共にして差し支えなかった。従って赤ン坊が生まれることもあったが、そんなときは〝投げた〟（捨てる意味）といわれている。また娘が年ごろになったのにタマリッコに出さない家は村八分の制裁も加えられた。

佐藤平安さんはこう話してくれた。

「私の青年時代にはワカゼはまだ遺っていたが、タマリッコ制度はすたれていました。そのかわり、どこの農村でも行われた夜這いがありました。これも現在では全くといっていいほどありません。この村の娘は昔風といいますか、身もちが固く、恋人はいても二人だけで泊りがけの旅行をしたなどという話はあまり耳にしません。

近ごろでは村外の者と結婚することは自由になりましたが、私のころは他村の娘を嫁にもらうということはひどく難しいことでした。しかし、私はこんな悪習は早く打破したがよいと考えて、村の人の非難を承知の上で、外から妻を迎えたのですが、覚悟はしていたが、当初は二人ともだいぶ苦労しました」

今日では恋愛結婚もないわけではないが、それよりもむしろ恋愛は恋愛、結婚は結婚と割り切っている娘が多くなったという話だった。狭い村内のことなので、みんなお互いに子供のころから顔みしりであり、恋愛でもするとすぐ噂が立つ。従って恋愛そのものがあまり育(はぐく)まれないらしい。

結婚式もかなり変ってきた。許婚者の結婚は少なくなり、ボーイフレンド、ガールフレンドとの、本人同士の意志による結婚がふえてきた。また他村との場合は見合結婚も多くなった。

その一面、経済的に困難な生活者が多いので、娘を安楽に生活させてやりたいという親心からの、親の意志もかなり強く働いて、悪い言い方をすれば玉の輿(こし)的な打算結婚もあるようだ。

ひと昔前までは女は十四歳〜十七歳ぐらいで嫁にいったが、今日では二十三、四歳、男は二十五、六歳というところが多い。村内の結婚が多かったせいか、近親結婚をあまり気にしないようである。

根子は美人村でもあって、村内を歩いていると目鼻だちの整った色白で、かわいらしい子供をよく見かけるし、美しい娘さんも多い。

焼畑や田圃、山林などで働いている娘さんの中にも、あれっとふりかえるほどの美人に間々出会う。秋田美人の本場なのかもしれない。

さて結婚式だが、媒酌人によって縁談が調うと、聟(むこ)の親は酒肴をたずさえて嫁の親の家にゆき、内祝の宴というのを開く。これは結納の儀にあたる。

その後さらに数日して、日取りをきめる祝宴がある。

婚礼には媒酌人夫婦のほかに、もう一組の夫婦がつきそい、三日間（格式のある家だと七日七夜）の盛大な祝宴を開く。

式当日（第一日目）は村の主だった人だとか、目上の人、日ごろ世話になってる人を招く。第二日目は親戚だの友達などの、親しい間柄の人を呼ぶ。第三日目は手伝ってくれた人や、使用人、目下の者を招く。

ここまでは地方の盛大な結婚式と大差はないが、特に変っているのは、見届役ともいうべき聟脇（むこわき）、嫁脇（よめわき）という役の者がいたことだ。

聟脇は新郎の親戚なり、親しき友人で、嫁脇は新婦の側から出る。この役目につくのは共に未婚の、異性をまだ知らぬ者でなければならぬとされている。

聟脇、嫁脇は、挙式の時も宴会の時も、最後のお床入りの時も三日間は新郎新婦に離れずつきそう。

昔、将軍さまがお部屋様を新たにきめられるとき、お清（きよ）の者という処女の中臈（ちゅうろう）がお見届役として、お床入りにつき添ったというが、それと同じような意味から始まったのかもしれない。もっとも将軍さまの場合は、確認と同時に、お部屋さまが寝ものがたりに政治向きや人事のことに口を出さないようにするための監視も兼ねていたといわれるが、根子の場合は後の役目の必要はないから、確認だけであろう。

私はこの話を最初にきいたとき、それはワカゼやタマリッコ同様に、過去に行われていた風習に違いないと考えていた。ところが、昭和四十年ごろ私の家にお手伝いさんとして来ていた根子の娘さん（山田長吉さんの孫娘だった）が、私に向かって、従姉（いとこ）が結婚しますので、一週間ほど暇を下さいと申し出た。

やらないわけではないが、私の家に上京してきてまだいくらもたっていないし、それに姉妹というのでもないので、なにか君が行かなければ困ることでもあるのか、と訊ねてみた。すると彼女は、

「あたし、嫁脇にたのまれてましたので――」

と言った。やっぱり今日でも行われるのか、と私は、いささか愕（おどろ）いた。私は、その意味についてこの十六歳になる少女がどれほど知っているだろうかと疑ったが、なにしろ娘さんのことであるのでそれ以上の質問もできず黙っていた。

一週間ほどして彼女は戻ってきた。

「どうだ、無事大任を果たしたかね？」

と訊ねると、

「ハイ、すませました」

けろりと答える。思いきって、

「羞（はず）しくなかったかね？」

と追いうちをかけたら、少し顔を赤らめたが、

「でも、みんなしていることですから……」

と答えたので、話はやっぱり本当だったのか、とあらためて考えさせられた。しかし、こういった習慣ももう今日ではなくなっているだろう。

ところで結婚式の挙式は嫁の家と聟の家とで二回とり行う。最初は嫁の家で昼に行われる。三々九度の盃が終ると飲めや歌えの大賑わいとなるが、嫁の家ではなかなか嫁を渡さない。

そこで媒酌人は早く渡してほしいと嫁の親に頼むが、すぐにウンといわない。もみあった末に、薄暮となってきたころを見てやっと嫁を渡す。

道すじには新郎新婦を見ようという村の人たちが待ちかまえていて、水をかけたりしたそうだが、いまはこんな蛮風はない。

聟の家では注進によって、途中まで嫁迎えをする。聟の家に到着すると、再び三々九度となり、それから夜の白むまで宴会となる。

翌日は里帰りでまた祝宴となり、その後に双方の知人が樽入れといって祝いにゆき、また祝宴となるといったふうだから、幾日も祝宴が続いたのである。

面白い風習を述べたのでついでに「初マタギ」の風習を語ろう。もっとも今日では、ほとんど行われなくなったが……。

青年式（昔なら元服）をすませて初めてマタギの一員として山に入る若者を初マタギというが、初マタギはまだマタギとしては認められているわけでなく、何か手柄をたてないと正会員になれない。そこで初マタギは手柄を立てようと必死になる。クマを射ちとってもいいし、みごとに追い出しても手柄になるのだ。

初マタギが手柄を立てるとシカリは狩小屋に戻ってから一同に、

「本日は初マタギの何某が手柄を立てたのは立派だった。そこでマタギ仲間サ入れても差し支えねえと思うが……」

と計る。一同はむろん賛成する。するとシカリは、

「それならば祝ってやるべ」

と言う。初マタギはシカリの命令で陰部（まえ）を露出させられる。マタギたちは、各自が火をかざして暖くなった掌で、やんわりと且つそろりそろりと初マタギのサツタテ（男根の山言葉）を揉むのだ。初マタギは立ったままで抵抗してはいけない。なにしろ大勢でいつまでも揉むのだから、若いし、たまったものではない。すっかり元気よくなってしまう。するとそのはつらつとした奴に火のついた粗朶（そだ）を結びつける。火がだんだん燃えてくるので熱いから若者は珍妙な恰好ではねる。手で消してはならないのだから腰を振って火を消すか落とそうとする。その踊りに似たとびはねが、山神さまは大好きだと信じ、一同して手をうって囃したてるのである。

こういった厳粛な（？）儀式を知ってる人ももうあまりいない。

私は阿仁や、仙北や、和田や、七ヶ宿などのマタギの村、あるいはマタギに因縁の浅からぬ地方を歩くと子供たちの姿が目にうつって仕方がない。

この子供たちが成人するころ、マタギの村はどうなっているだろう？　山のとりけものはどうなっているだろう？　そんなことを考える。

豊岡のクマとりサン公君や朝日連峰大井沢の志田忠儀さんが言った。

「狩人として難しいことは、どうして射つか、ということじゃなく、どうして射たないようにするかということですべ。獲物は滅亡させねえように獲らねばならないスから……」

という言葉を思いだす。たしかに味わいのある名マタギの言だと思う。

秋田のマタギ地方を歩いていると、クマ猟犬らしい犬にしばしばぶっつかる。マタギに名マタギがあるように、犬にも名マタギ犬がいるものだが、忠俊さんの家に飼われていたアカも名犬だった。

ある年、村の二人のマタギがアカを借りて岩手県境の山へ狩りにでかけた。

が——大雪崩に遭って死んでしまった。

予定の日数がすぎても帰ってこないので、もしかしたら……という不安で、さらに根子から捜索のマタギが出かけていった。その一行の中には雪崩で死んだマタギの弟もまじっていた。

山に入ってゆくと、果たして大雪崩の跡があって、アカがうずくまっていた。懸命になって雪を掘った形跡が残っていたが、犬の力では厚くかぶさった雪は掘り返せなかったのだろう。

アカは一行を見て嬉しそうに吠えた。ここに埋まってるに違いない、と一同して掘っていると、ちょうどそこへ岩手のマタギたちも来かかって、理由を聞いて手を貸してくれた。そこで二人の死体は発見されたが、岩手のマタギがいうのに、アカをぜひ貰いたい。最初のうちは、これは親方の犬だから駄目だといっていたが、岩手のマタギは金ならほしいだけ出すという執心。とうとう遭難者の弟が欲に目がくらんで売ってしまった。そして根子に戻って報告して言うのに、アカが二人の肉を喰っていたから射殺した、と。

この話を聞いたのは西松という乱暴者のマタギで、彼は自ら再調査に出かけ、アカの無罪を証明した。犬を売るような奴はマタギの風上にも置けぬと、マタギ社会からその男は追放され、後に養老院で淋しく死んだという。

鷹狩り

鷹匠・沓沢朝治

クマタカ吹雪は多くの獲物を獲った。
キツネとの死闘にも勝ち抜いた。そ
うれッ、征け！　沓沢老の掛け声に
吹雪は音もなく飛び立った

タヌキ狩り
安楽城（あらき）の沢にて（'62年3月）

上）雪の斜面を滑るように獲物に殺到する

穴が近かったことがタヌキを怯ませた

タヌキはすでに気合い負け、ひたすら逃走する

狼狽したタヌキは死のもの狂いで振り向き牙をむく

その瞬間鋭い両足の爪はタヌキの頭を襲った

もつれ合い転げ落ちてゆく

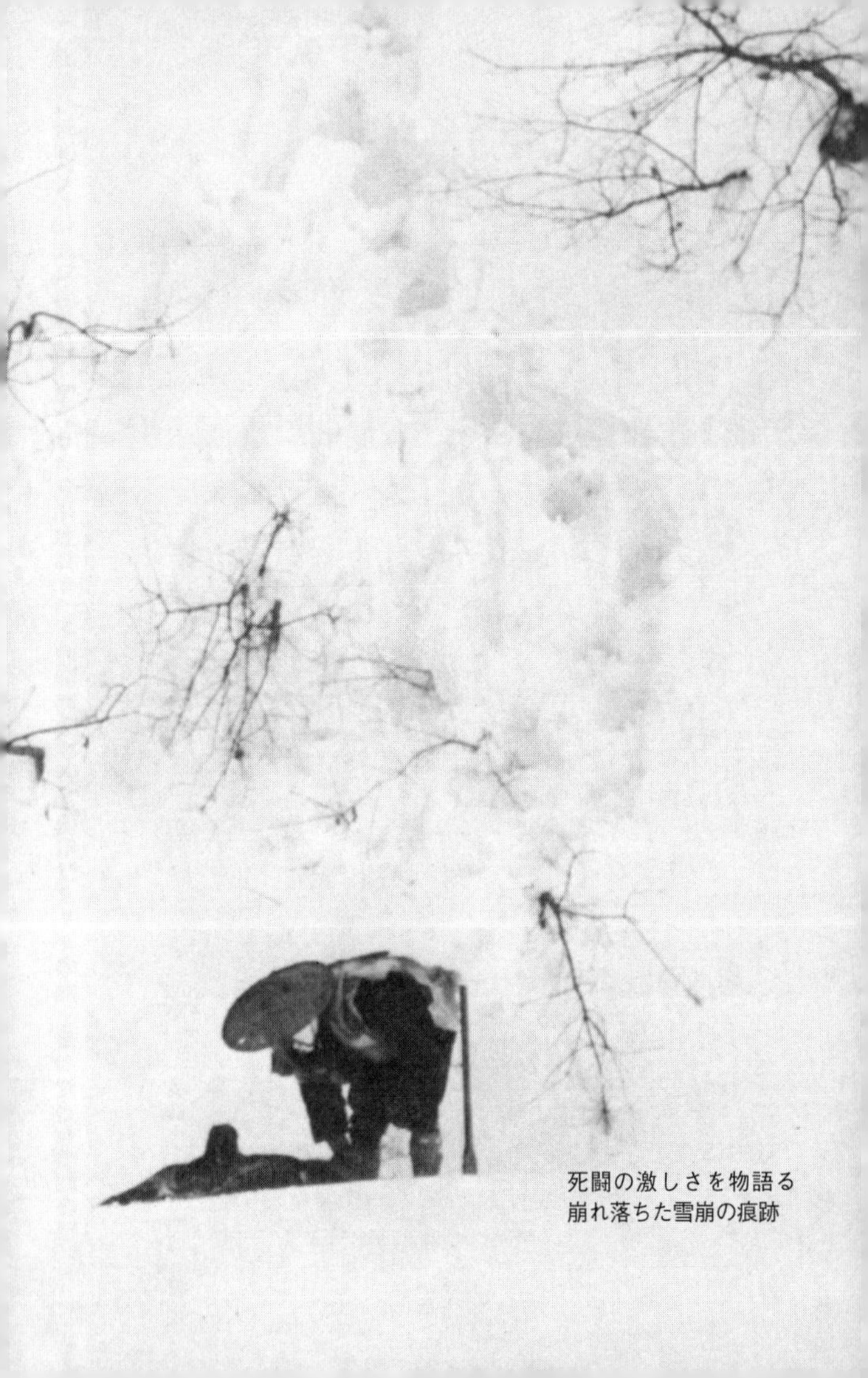

死闘の激しさを物語る
崩れ落ちた雪崩の痕跡

勝負は一瞬で決まる。吹雪の闘魂に大ダヌキは怯んで制された。頭に爪を打ち込まれて眼の吊りあがったタヌキは抵抗する力すらない

ウサギ狩り
真室川にて（'62年3月）

はばたきを一度、敵
艦に迫る特攻機さな
がら獲物に突っ込ん
でゆく。この特攻機
は百発百中だった

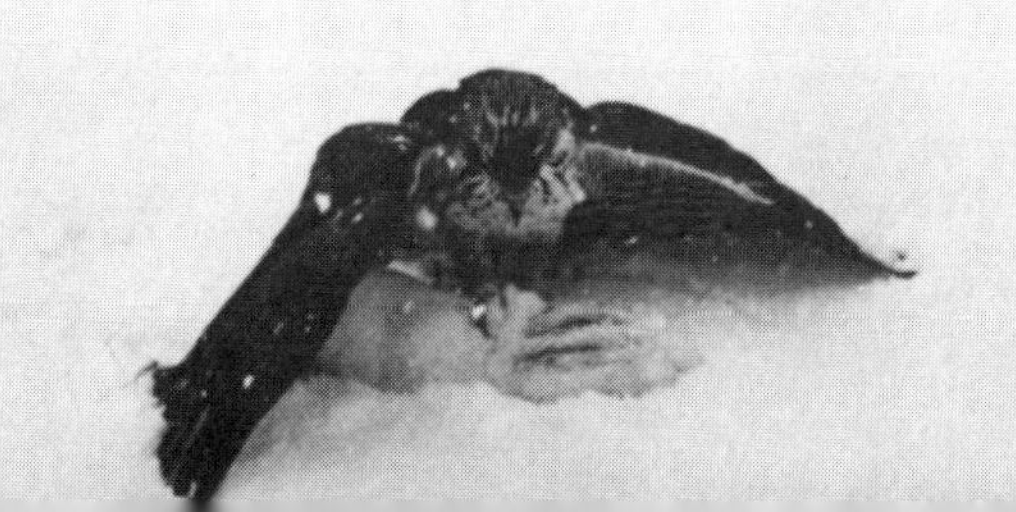

鋭い爪・強靱な脚に押し込められてウサギは身動きもできない

左）老人は野性に勝った。命がけの闘いが日夜続いたのだった（'57年1月）

名鷹匠と愛鷹

真室川の沓沢老と吹雪（'57年1月）

クマタカはタカとはいっても日本特産の小型のワシである。高い所から獲物に肉迫するのがクマタカの習性だ（'62年3月）

吹雪の貌。鋭くて気品があり近づき難い（'62年1月）

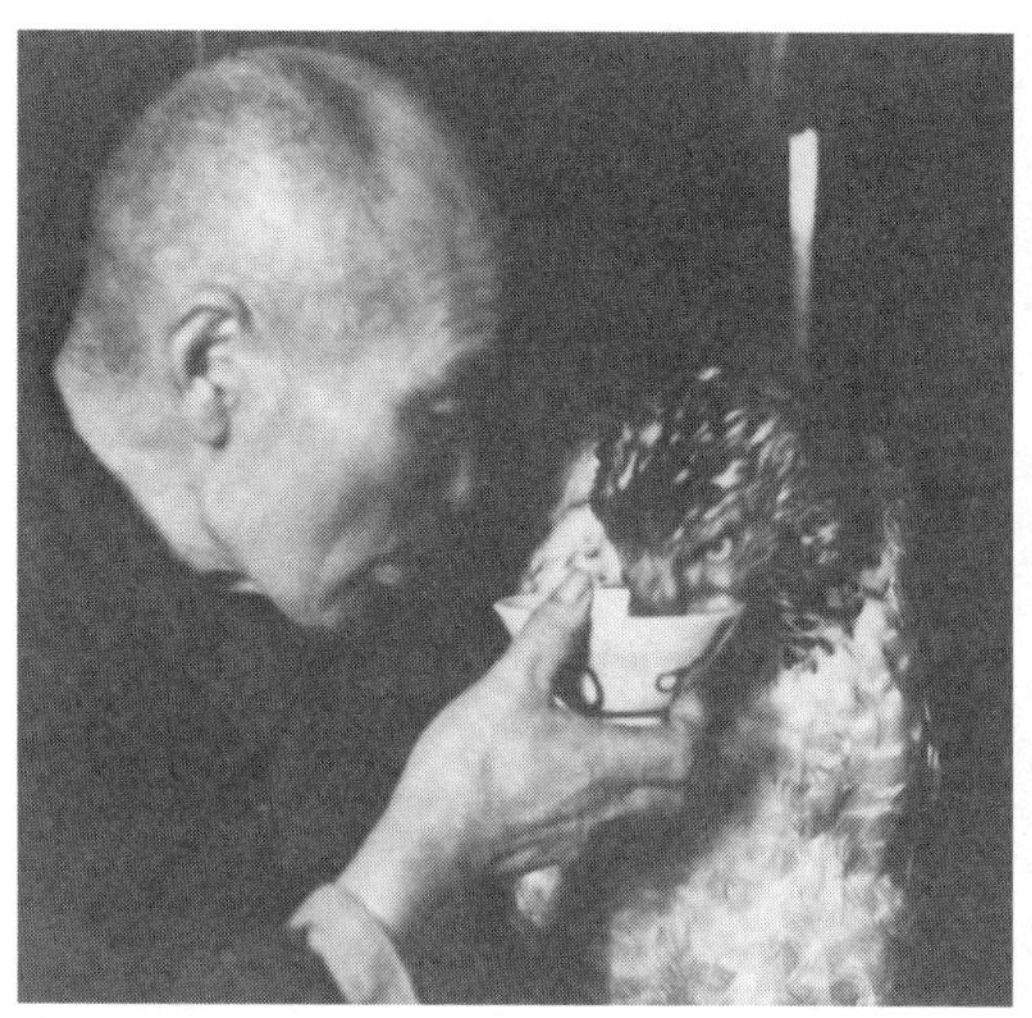

狩りに出た夜、沓沢老は吹雪と同じ茶碗で水を飲み交わし（上）、餌を与える（'62年1月）

ウサギを手にした孫を従え家に戻る沓沢老（'62年1月）

タヌキは死んだふりをするからいきなり手で摑むでないぞ（'62年1月）

タカは家族の一員だ（'62年12月）

名鷹匠とともに生きてきた「吹雪」。黄金に輝く眼、気品に満ちたその風貌。その育ての親はもういない（'62年1月）

鷹匠――ひとりマタギ

名鷹匠・沓沢朝治

タカを使って、ほかの鳥獣を捉えるという試みは、ずいぶんはやくから世界のほうぼうの国で行ったものらしい。ヨーロッパでも、インドでも、中国でも、朝鮮でも行われていた。わが国にタカ狩り（放鷹（ほうよう）という）の技術が紹介されたのは、仁徳天皇の御代で中国から渡ってきたといわれる。

この放鷹は、最初のうちは一部の貴族の遊戯として行われていたが、日本人の尚武の気質に適しているところから、戦国時代から徳川期にかけて大流行した。武将たちにとっては、単に勇ましいスポーツというだけでなく、麾下（きか）将兵の用兵、心身の鍛練という意味で黄金時代を続かせていた。そのころは、朝鮮などから日本の武将に対する貢物の中にオオタカが加えられていた。オオタカは朝鮮半島のものが逸品とされていたからだ。

宮内省でも戦前までは鷹匠（たかじょう）をかかえて、古典的な技術を伝えていたが、戦後にはそれもなくなり、消え去ろうとしているのは惜しい。

ところで武将たちが行った放鷹とは別に、民間人による別の放鷹が奥羽の山村にあった。これの起源は戦国時代だといわれているから、武将たちの放鷹技術を民間人がまねてやりだしたのかも知れない。

武将たちの放鷹が、あくまで尚武の遊びであったのに対し、これは生活のためであった。武将たちの放鷹は遊びであるがゆえに、行動の敏速なオオタカや、ハヤブサを使って鳥を獲らせたのに対して、奥羽のマタギたちのは、重厚ではあるが強力で、キツネ、タヌキ、テン、サル、ウサギ、ムササビなどの毛皮獣を目的とする巨大なクマタカを使用した。この点が、両者の根本的な違いである。

クマタカは、タカとはいっても小型のワシである。

外国の技術をとり入れて、それを自分のものと化すことに優れている日本人が、もっと巨大な収穫をと考えて、こうした放鷹を考えついたのであろう。その点からいえば、まったく日本的なものと言える。

私が鷹匠——ことに奥羽山中にて実猟をやっている人たち——をマタギと呼んだのは、鉄砲がタカに代ったに過ぎないからである。

マタギには、マタギの組制度があり、山岳宗教があったといわれるかもしれないが、鷹匠はもともと独りで猟にゆくことが多い。それは、獲物を捕える習性の相違からきているもので〝ひとりマタギ〟に類するものといってもよい。万事万三郎の秘巻こそないが山岳を敬い、山神を尊ぶことは同様である。山に住み、山に生きる狩人として、私は、奥羽の鷹匠はマタギ仲間に加えて少しも差し支えないと考える。

しかし、この鷹匠すら既に消え去ろうとしている。

クマタカを使って獲物を捕えさせ、それで生活の一助としている鷹匠は、今日で山形と秋田に二、三名しか残っていない。

その中で、最も古く（長老）また最も技術に長じて有名なのは山形県真室川町の沓沢朝治さんだった。今年（昭和五十九年）八九歳で亡くなったが、いい人だった。

沓沢さんは、二羽のクマタカを飼っていた。どちらも沓沢老人の眼鏡にかなった名鷹である。

牡のほうを「吹雪」と呼び、牝のほうを「鳥海」といった。クマタカは約三〇年は生きるといわれ、少なくも十年たたないと成鳥にならないというから、二羽ともまだまだ前途のあるタカであった。タカやワシは牝の方が牡よりも身体がはるかに巨大で、力も強い。牡は翼長が四七五ミリから五〇〇ミリだが、牝は五〇〇ミリから五三五ミリに達する。体の上面は褐色で、頭頂や頭側は黒みがかっている。頭の頂きには冠羽というのがあり、五五ミリ以上で怒るとこれが冠のように逆立つ。牡の冠羽の正面には将毛とよばれる特に長い冠羽があって威厳を加えている。腹の方は暗白色で、眼は幼いときは水色、それからだんだん黄色になり、一人前になると金色に輝く。

　沓沢老人はタカ捕獲の免許をもっていて、この二羽のタカも幼鳥のときに捕えた。そして苦心して自分のタカに仕込んだ。

　殊に吹雪は沓沢さんがこれまで飼ったタカの中の一番お気に入りで、これまでに何十頭のキツネやタヌキ、テンを捕えたかわからない。

　ウサギなどは毎年、数えきれないくらい捕えるので真室川付近にはほとんどいなくなり、杉林の被害がなくなったと表彰されたこともある。

　私は沓沢老人と共に、吹雪をつれて、いく度か雪山に登った。タカ狩りは——クマタカの場合、その重い体のためもあって、上の方から下にいる獣を襲わせるというのが定法になっている。それでわれわれは雪の尾根に登り、見とおしのきく尾根すじを歩いた。沓沢老人は、ときどき立ちどまっては古びた双眼鏡を出して、沢や向かいの斜面を見た。

「近ごろはタカの方が眼が鋭くてなシ、こっちが獲物を見つけないでいると吹雪のほうが先に飛び立つ気でいるもんでなシ。どうも年をとってはハァ、駄目なもんで……」

　と老人は、近ごろ衰えてきた視力をこぼしていた。当時（昭和三十七年）沓沢さんは六七歳だった。

　その日、タカは三頭のノウサギを捉えた。あっという間もないくらい素早い突っ込みだ。向かい斜面に、白いものがうずくまっている。木の根っこの吹きだまりをバリケードにしてノウサギがいるのだ。ぴんと立てた両耳、耳の先がちょっと黒い。

さすがのタカも、じっとしている獣には気づかない。ウサギやテンやタヌキなどは、タカを極端に怖がるから、じっとして動かないで警戒している。

沓沢さんの息子さんが勢子（せこ）となって降りていった。ウサギは近づく人の気配に、パッと跳ねた。それが彼の悲運だった。

「ほうれッ！」

沓沢さんのかけ声と共に、吹雪はふわっと飛び立った。羽ばたきを一度、あとは雪の斜面に沿ってジェット機のように突っ込んでゆく。私は敵艦に迫る特攻機を連想した。

この特攻機は百発百中だった。ノウサギは頭をつかまれてきいきいと悲鳴を挙げて屈伏した。

次の日タヌキを捕えた。このタヌキは、われわれがいるのに気づかなかったのだろう。呑ん気ものの彼は、こっちの繁みから、向こうの林の中に転居を試みた。そして繁みと林の中間に百坪ほどの空白地帯があることに、あまり注意を払わなかった。

雪が深く、タヌキの足は遅かった。吹雪は、まっしぐらに殺到した。狼狽したタヌキが死物狂いで、ふり向いて牙をむこうとしたときは、吹雪の両足の爪はがっきとタヌキの頭を摑んでいた。

しかし、こちらの屋根から見ていると、こまかい点に眼がとどかない。

タカの小さな体が、タヌキに組み敷かれたように見えた。

雪煙をあげて鳥と獣は争い、傾斜面をごろごろと転落してゆく。

「あっ、大変だ！　沓沢さん、はやく……タカがやられる」

私は夢中になって叫んだ。だが沓沢さんは落ちついていた。

「大丈夫。さしつかえねすべ」

沓沢さんは吹雪の力を信じているのだ。なるほど近よって、よく見ると吹雪は下になりながらもタヌキの頭蓋に深々と爪をたてていた。タヌキの眼は吊り上がっている。これでは攻撃はできない。ＴＫＯというところだ。

吹雪の瞳は老主人を見て勝利の喜びに輝いていた。

吹雪と老人

私が鷹匠の沓沢朝治老人を知ったのは昭和三十年ごろであったから、三十年近いおつき合いだったということになる。

私が沓沢さんと初対面したときは、六十そこそこの年齢だったといえる。その頃すでに老人の愛鷹（あいよう）「吹雪」は飼われていた。そのころ吹雪は七、八歳だったのではなかろうか、まだその眼は水色がかっていて青年期に入った若さを示していた。私は老人の高潔な人柄と強い信念にうたれて、その後ずっとおつき合いを願うようになったが、最初のうちは吹雪を通じてのつき合いだった。タカがいなければそうたびたびは山形県と秋田県の県境に近い真室川を訪れはしなかっただろう。

だから私は吹雪の成長ぶりをずっと見つづけてきた。吹雪が人間のように喋れたら〝お前なんか知らねえよ〟と言うかもしれないが、しかし春夏秋冬を問わず、毎年のように訪ねるわたしを、今では親しまないまでも、少なくとも敵意を抱かないだけにはなったと思えるのだ。吹雪は狩猟の名人（名鳥？）というだけではなくして、演技者としてもすばらしい力量を見せる隠れたる動物スターであった。吹雪はこれまでに大映の記録映画『白い山脈』に野生タカのスタンドインで出演しているほか、多くの文化映画に出演している。私の小説『オホーツク老人』が東宝で映画化された（映画の題名は「地の涯に生きるもの」）とき、知床半島を舞台として流氷上を乱舞し、猫を攫って（さら）ゆくワシが必要だった。だがそう旨く演技するワシは見つからない。そこで私は老人に頼み、吹雪はわざわざオホーツク海までロケしに来てくれ、立派な演技を示した。NHKや民放のテレビにも出ているが、殊に有名になったのは三十七年度のカンヌ国際テレビ・コンクール、ノンフィクションの部でグランプリを獲得したNTV制作の『老人と鷹』である。これも私の小説『爪王』をもとにして作られたもので、沓沢老人と吹雪が主演した。スタッフの努力はもちろんだが、吹雪はよく働いた。『老人と鷹』の続編として、NTVで沓沢老人の孫と吹雪を題材とした『少年と鷹』も作られた。

まあそういった塩梅（あんばい）で、私と吹雪とは、老人一家と同じように因縁浅からぬものがあるわけで、私は老人の伴をして吹雪と共にいく度か雪山に狩りもした。

沓沢老人は、若いこから何十羽というクマタカを飼育し、訓練してみた。だが、どれも老人を満足させるすばらしいタカにぶっつからなかった。

〝猟師一代、犬一匹〟という言葉がある。これぞという名犬は猟師が一代のうちに一匹つくり出せればいいという意味である。

それと同じようにタカも名鷹というおいそれとはできるものではなかった。老人は山形から秋田、宮城とタカを求めて、放浪の旅に出た。名馬の仔には駿馬が生まれるように、タカもその血統が大切だった。同じクマタカでも、その産地によって性質や気性に違いがあった。ある山のクマタカは勇猛ではあるが根気がなかった。ある森のクマタカは人に馴れやすくて仕込むのは楽だが、気が弱いという欠点があった。

老人は、勇猛で、ねばり強く、しかも利口で人間にはいい――そんなタカがほしかった。だが家畜を交配させて仔を作出するようなわけにはいかない。イヌだのウマだの、ウシだったら欠点を補えるような対手を捜して交配させることができる。だがクマタカはまったく野生のものだ。しかも一度、夫婦になったタカはどちらかが斃れるまで対手を換えないという。また飼育したタカはなかなか交配しない。だから思った通りのタカを手に入れるということは奇蹟に近いことだった。老人はタカを諦めてイヌワシを飼った。これも失敗だった。ワシは勢子に襲いかかったからだ。間もなく六十に手が届く、老人は焦り、やがてそれも諦めに変りかけたときに情報が入った。老人はあまり期待せずに見に行った。

クマタカは両親から放れて独立したばかりの二歳仔の若タカだった。その悠揚とした中にも凛と気品のある飛翔ぶりを見て老人は〝これだ！〟と思った。

老人は鷹匠としての余生をこのタカの仕込みに注ぎこもうと決心した。二日ほどして、老人は息子を伴って、網と紐と生きた白いニワトリと、シャベルを持って夜のうちに山に登った。タカは朝と夕方に餌を求めて舞い上がる。

網が張られた。秘伝の網はタカがそれにぶっつかると、くるまって倒れる仕掛になっていた。網の前にはニワトリが繋がれ、囮の足に結びつけた索は十メートルほど離れた穴に曳かれ、そこに老人は匿れた。穴は萩の葉で巧みに覆われ、息子は山を降りていった。やがて太陽が上り、しばらくして若いタカは朝の食事を求めて森から舞い上った。萩の葉かげから双眼鏡で見ていた老人は、囮の足につけた紐を強くひいた。ケ、ケ、ケ、ケッ……ニワトリはけたたましい叫びをあげ、白い羽をばたつかせた。眼の鋭いタカがそれを見のがすはずはなかった。タカは急降下して哀れな犠牲者をひっ摑んだ。

瞬間、網はタカの上に覆いかぶさった。タカは牡であった。ワシやタカは牝の方が体が大きくて力も強い。だが、この牡は激しい気性をみなぎらせていた。翼を大切にする彼は、網がとり除かれるまでじっと隠忍していた。

〝利口な奴だ。わしの思った通りのタカだ〟

老人は喜んだ。

その日から老人とタカとは生命がけの闘いに入った。タカはまっくらな部屋に入れられ、老人は夜っぴてつき添った。タカを馴らすには、人々が寝しずまった真夜中に行わなければばならない。タカの気が散るからだ。そして、最初の人間との接触は人の手から肉を喰うということであった。

タカは抵抗した。いく日もいく日も強情に絶食を続けた。クマタカは二十日間ぐらいの絶食には耐えられる。

毅然と耐え抜いたあとで、忽然と堕ちる（死ぬ）のだ、老人はタカの糞に注意した。最初のうち白かった糞はやがて、青味がかってきた。体力の衰えを、それは示していた。

もしかすると死ぬかも知れぬと思った。気性の強いタカは死んでも人間に屈しようとしないからだ。老人は鳥の生肉をいく度もタカの鼻さきに突きつけたが、タカは知らぬ顔を続けた。

とうとうざりぎりの線まできた。老人は山へ戻そうと幾度か考えては止めた。もう山へかえしたとしても、自力で獲物を捕えられるほどに体力が残っていないから、結局は死ぬだろう。と同時に、いまこのタカを手放すと二度と再びこれだけのタカは手に入らないだろうということを、老人は知っていたからだ。

最後に老人は大ばくちをやる決心をした。タカを怒らせて、自分の腕をつかませ、かみつきにくる対手の嘴に生肉を押しこむことだった。タカは勝ったと思って肉を喰うに違いない。一度肉をのどに通したら、激しい飢餓が止め度のない食欲を呼び起こすだろう。

老人はその夜、ハトの肉を左手に握って暗黒のタカ部屋に入った。ホイよ……といつものように声をかけてとまり木に近よって、タカの足に触った。瞬間、タカは老人の右腕にがしっと爪を立てた。厚い籠手を巻いていなかったら爪は骨まで貫通したであろう。

老人の奇略は成功した。その夜を境としてタカは少しずつ老人を許すようになった。

老人は次に茶碗から水を飲むことを教えにかかった。野生では、湧き水か渓流でしか飲んだことのないタカには、器から水を飲むということは大変な冒険だった。老人はタカを飢えさせ、器の水の中に肉を入れて与えた。肉を喰うためには、どうしても水を飲まねばならない。こうしてタカは碗から水を飲む方法を知った。

次は手に停まる練習だった。それを卒業したときとき、初めて老人はタカを再び太陽の輝く青空の下に連れ出した。タカは嬉しがってピーヨと甲高く鳴いた。

最初に手から離すということは大冒険であった。老人がこれまで全力を傾けて愛し、仕込んできた結果が成功するか、失敗するかはこの一瞬にかかっていた。野生への魅力が勝てば、タカは青空たかく飛び立ってもう戻ってはこないだろう。老人の愛情が勝てば、タカは老人の腕に飛んでくるだろう。老人は祈るような気持で、タカを木の枝にとまらせ、うしろも見ずに歩いた。ふり返るのが怖かった。三〇メートルほどきてから、老人は立ち止まり、タカの方を見た。タカはじっと停まっていた。老人は嬉しかった。

「ホイよ！　来い」

老人が餌箱を叩いて呼ぶと、タカはふわっと飛んで老人の腕にきた。老人は野生に勝ったのだ。訓練の期間は長かった。夜中にタカを拳（こぶし）に据えて歩く「夜据（よずえ）」、外につれ出す「軒据（のぎずえ）」、燈火にならす「燈火仕込（とうかじこみ）」、人や車馬に愕（おどろ）かなくする「車馬仕込（しゃばじこみ）」、町のざわめきに慣らす「町据（まちずえ）」と、一つ一つ石を積み重ねるように教えこんでいった。

　夜の訓練時間は次第に延ばされ、夜中から東の空が白々と明け初める頃まで続けられた。老人とタカの吐く息が白く凍った。真室川に冬が訪れたのだ。冬は鷹匠にとっては唯一の稼ぎどきだったが、老人はすべてをなげうってタカの育成に全力を注いだ。雪を被った鳥海山の雄大な眺めも、真室川の澱みに張った氷の厳しさも、野面に積もった雪の深さも眼に入らなかった。調教は午前三時の夜据に始まって午前七時の朝据、午前十一時の野据、午後三時の夕据と続いた。タカは拳から飛び立ち、拳に戻る「呼渡り（おきわたり）」「振替（ふりかえ）」「据上（すえあげ）」などの訓練も仕上げた。

　老人は、人間が作り出した文明の中で、タカの野性がいかに破壊されずに融合させられるかについて苦心した。タカにとっても忍従の一年だった。タカは野性の喜びを封じられ、老人は獲物を得る喜びを我慢した。

　春がきて、太陽が輝きはじめた。春風が真室川の川面（かわも）を渡ってくると鳥海山は春霞の彼方に消えた。タカの教育は一段落し、母屋（おもや）の狭くて暗いタカ部屋から裏手につくられたタカ小屋に移された。そこは天然の岩壁を利用して作られてあるので清水が絶えず流れこみ、青草も生え、自然の風と柔らかな光線とが入り込んで、タカに野性を思い出させた。春から夏にかけて、老人はタカに腹いっぱい肉を与え体力をつけさせた。ことしの冬からは働いてくれよ。お前ならやれるからなァ……老人の瞳はいつもそう話しかけている。

秋がきた。そして冬の足音が鳥海山の頂きから降りてきた。老人は「詰」に入った。それは絶食によって無駄なぜい肉を落として、活躍しやすくすると同時に、闘争できる最小限度の体力を保つことだった。体力に余裕があれば、タカは野生に戻って自然に還る。体力が弱り過ぎたらキツネやタヌキに殺（や）られてしまうに違いない。

このかね合いが難しいところだが、老人は心得ていた。

その冬、タカは二百羽のウサギ（ウサギは一羽、二羽と数える）と三頭のテンを捕えた。次の冬、タカは安楽城（あらき）村の山林で大ギツネと大格闘して破れた。

翼をいためて谷底に落ちたタカの姿は見えなかった。老人は悲しみ、鷹匠をやめようとさえ考えた。

悄然（しょうぜん）と家に戻った老人は、二、三日ものも言わなかった。四日目の夜、雨戸にぶっつかる羽音がした。老人がとび出してみると、吹雪の中をタカが戻ってきたのだった。しかもひどく傷ついていた。老人は涙をぼろぼろとこぼしてタカに頬ずりをした。

タカの傷は重かった。老人は腫れ上がった牙の傷跡を小刀で切開して膿を吸い出し、寝ずに看病した。タカは老人を忘れずに戻ってきたのだ。老人にはもうこれが鳥だとは思えなかった。老人は一生の友人として、初めて「吹雪」と名付けた。老人は吹雪がキツネに敗退したことで、怯(ひる)みの心が生じたのではないかと怖れた。トレーニングが最初からやり直された。そして二年あと、吹雪はとうとうその大ギツネを仕とめたのである。

一日、私は老人と共に吹雪を連れて安楽城の沢へ行った。

一匹のかなり大きな古ダヌキがとび出してきた。私は吹雪の水ぎわ立った闘争ぶりをカメラに収めることができた。しかし、その吹雪も、老人と共に老いた。老人はこの伝統ある技術が自分一代で絶えるに違いないと悲しんでいた。吹雪と共に消えるのだと諦めていた。

沓沢さんはまったく鷹匠一筋に生きていた人であった。だからまさに消え去らんとしている日本古来の郷土の狩猟文化をなんとかして伝えたいと念願していた。だが今日では生業にならない鷹狩りなどに一生を賭けようとする者などいなかった。

そこで沓沢老人は自分の孫にその技術を教えこもうと懸命になった。孫も小さいうちは祖父の後を継ぐつもりでいたが、だんだん成長するにつれ将来のことを考えるようになって、父親の後を継いで農業に専念すると言い出した。老人は寂しかったが、孫の言うことにも当然の理由があってみれば諦めるしかなかった。

私がしばらくして老人を訪ねると、

「もう今日では鷹狩りでは生活できないから、たとえ鷹狩りの技術を習いたい者はいても、それだけにかかりきれないんです。そこで私は考えたんだが、本気でこの技術を学びたいという者がいたら、私はその者に田圃を分けてやり、生活が成り立ってゆくようにしてやろうと考えてます。子供たちにも相談しました。子供は本来なら自分が継がなければならないことをしてもらうのだからと、賛成してくれました。いまちょうど心当りの青年がいるので……」

と嬉しそうだった。私も共に喜んだのだが、結局この青年も長続きしなかった。

私が小説『オホーツク老人』を書いて、それが森繁久弥さんによって映画化される時、どうしても鷲（わし）を登場させる必要があった。しかし、鷲はそう簡単に手に入らない。そこで、沓沢老人の愛鷹「吹雪」を使わせてもらったが、沓沢さんは私のためにわざわざオホーツクまで来てくれた。

沓沢老人の愛鷹に「吹雪」の他に「鳥海」という若鷹がいて、老人はこの育成に全力を傾けていたが、この鷹がある晩に盗まれてしまった。老人は悲嘆にくれた。老人は後継者なき今日、この若鷹を見事な名鷹に育成するのを唯一の望みとしていたのだ。「鳥海」を失ってから沓沢老人の老いは深まった。私は一度老人を慰めるために真室川を訪ねようと思っていたが、それを果たさないうちに老人の死を知らされた。

沓沢老人は最後の名鷹匠だった。

備考

〔註一〕山達根本之巻の全文を左に掲げる

抑清和天皇五拾六代之御時關東下野之國日光山之山麓爾萬事萬三郎止云人從天智天皇拾七代子孫也下野國被流日光山麓爾住此人天下無双之弓上手也譬波天於飛志鳥成止毛射落左壽止云事奈志依而去山江行鹿猿色々埜獸於射落志天月日於暮志給所爾上野國赤木明神止日光山權現止度度合戰志止雖毛赤木明神者長十八丈之大蛇仁天御座壽依而權現度々軍爾負被成氣留或時權現白鹿止成天出給所爾萬三郎白鹿於射取止晝夜三日押掛氣留去共鹿爾矢不當萬三郎不思議爾思天日光山之御堂之前迄押懸行見禮波白鹿忽千爾權現止顯禮天如何仁萬三郎汝於是迄連來留事非別儀上野國之明神止度々合戰爾及所赤木明神波大蛇成禮波我與度々戰止雖毛更仁無勝事然者汝者是日本一之弓之上手也依而汝於日本國中山々嶽々不殘知行爾可得止宣天白木之弓爾白羽之神通御矢二手於萬三郎爾被下氣留難有止三度拜禮其日爾成氣禮波上野國赤木明神御長十八丈之大蛇爾天御出陣者氣留所於萬三郎者其時爾南無元量壽學佛止願念志天神通之矢於寄曳兵止離世波明神之左御眼爾礑止立（ママ）石流之武幾明神毛二度矢亦右御目爾立氣禮波兩眼被射其儘村雲止成利上野國江引給日光山權現大仁喜給天從其內裏江上里給天萬三郎加弓之上手一々次第奏聞有氣禮波公卿大臣茂舌於卷感給布其時從內裏御朱印

於被下置日本國中山々嶽々不殘知行爾被下置無不行所山立御免也依去山達之先祖者萬事萬
三郎也先祖者御門仁天御座故日光山麓爾正一位伊佐志明神止奉祝天下御代々之御建立也於
今有御堂山神仁天御座壽依去立火死火於忌奈利月之十五日水於浴精進志天可讀誦者也心明
仁志天南無元量壽學佛止日二萬二千遍念誦壽立火死火其爾不嫌壽如何成尊者仁天茂日本不
殘可獵師禽獸堂宮仁天可喰山達之處江出家沙門來留止毛右文於三十三遍可喰趣代々子孫爾
至迄御免也心外無別法依而如件

于時建久四年

五月中旬

高階將監俊行 花押

先敬禮十三度

山達根本之秘卷

タテノ寸法

一尺四寸

不動明王利劔表也

犬結引繩

右內三尺三寸鷹足結殘之繩行人眞言之兩具也
小長柄寸法二尺八寸天之二十八宿表也
大長柄寸法三尺六寸地之三十六善神表也
金絣之事〇日天子表也 ☽ 月天子表也

山達之時此絣藥師如來山神十二大將
夜叉七千佛奉是
右餅山達金剛合掌三遍頂戴狩犬爾毛可喰者也

關白二條 印 印

往 來 之 趣 大 切 相 守

關所扑ニ浦々船渡
無滞通可給驗也
依而往還之一札件如

山達由來之事

大日本天神七代地神五代忽而安日之尊也山狩遠好美玉伊依而狩人農尊也狩人山遠改留事眞言農開山空海上人入唐成玉伊弖文珠之淨土爾而秘密遠傳法成玉伊弖佛倶兩界之荼陀羅天蓋日本我住山留連止笑美於含美日本惠送玉惠今之高野山三五之松爾懸利空海高野山爾登利玉醫弖行法之所惠狩人三人狩狗先達爾弖來留空海見玉惠何者止尋計連波狩人曰我々者狩人成止答計連者空海曰殺生好美其報不知加止有毛連婆狩人曰安日尊與利狩人相傳留故爾報於不知止申上留又空海加曰其方者不便奈留狩人共左樣爾殺生好美弖者未來畜生道爾落弖其罪無限我願遠叶奈婆獅子引道可爲教訓止仰有狩人共畏利何爾弖毛可被仰付止云婆時爾空海文珠之淨土ヨ利眞言秘密佛倶天蓋荼陀羅此山惠送利計連共見惠壽尋可出止有計連婆狩人共狩犬先達爾志而高野山遠尋連婆三五松枝爾懸利其下爾弖狩犬聲遠上留狩人共空海上人爾奉上空海此山爾庵ヲ結比可呉止申ẞ狩人曰安事止弖卽知庵遠結比其庵爾弖空海東方爾向弖一時加持成志玉比婆結構之寺止成利光明曜ヲ見弖空海玉狩人爾向何成共望邊志止云鳧婆一人之狩

人申上留爾婆我王殺生ヲ樂美申度止願空海卽知獅子引道授志一人者空海之御弟子爾奈利秘法傳來仕度止有計連婆是今之修行眞言也今一人一生御奉公仕度止願是ヲ仙人止名附給不也高野山末世衆生爲爾空海開玉ヲ也鹿熊留殺生爾安良寸末世衆生之爲山達獅子引導遠不曾久寸其法遠不知殺生遠好武者王畜生道爾達獅子引導不曾久寸其法遠不知殺生遠好武者王畜生道爾達事七代七流也穢多事同前之鬼也

空海上人御置筆王高野山東谷清淨院爾納也

山達根本秘卷

先敬禮文　□*　十三度

內獅子印ニソ　□*

外獅子印ニソ　□*　七遍

南無藥師如來眞言　□*

南無山神十二神將　□*

タテ寸法

不動明王利　一丈二尺
劔ヲ表ス

犬結縄　一尺二寸

不動明王外縛之縄也右之內三尺六寸鷹之足結殘縄王行人眞言之兩具也天之二十八宿於表壽

小長柄寸法　二尺八寸

地之三十六善神於表壽

大長柄寸法　三尺六寸

金絣之事此絣山達之時藥師如來

山神十二大將夜叉七千佛エ上ルナリ

日天子表ス　　南無藥師如來

文白山神十二神大將

月天子ヲ表ス　　南無夜叉七千佛

金剛合掌

右絣山達頂戴狩犬ニモ喰ベシ

鹿熊ニ向テ一番タテ立ル時

文曰有生無□*力　　三遍

鹿熊留來弖先底ニ置テ

金剛合掌

文曰南無□*加持南無獅子光如來　　七遍唱フベシ

月輪□*在

□*阿門如來也獅子成佛

□*則之處ナリ　　（＊記號ハ梵字ナルモ略ス）

〔註二〕マタギ部落制度並びにマタギ組の組織を図解すると次のようになる。

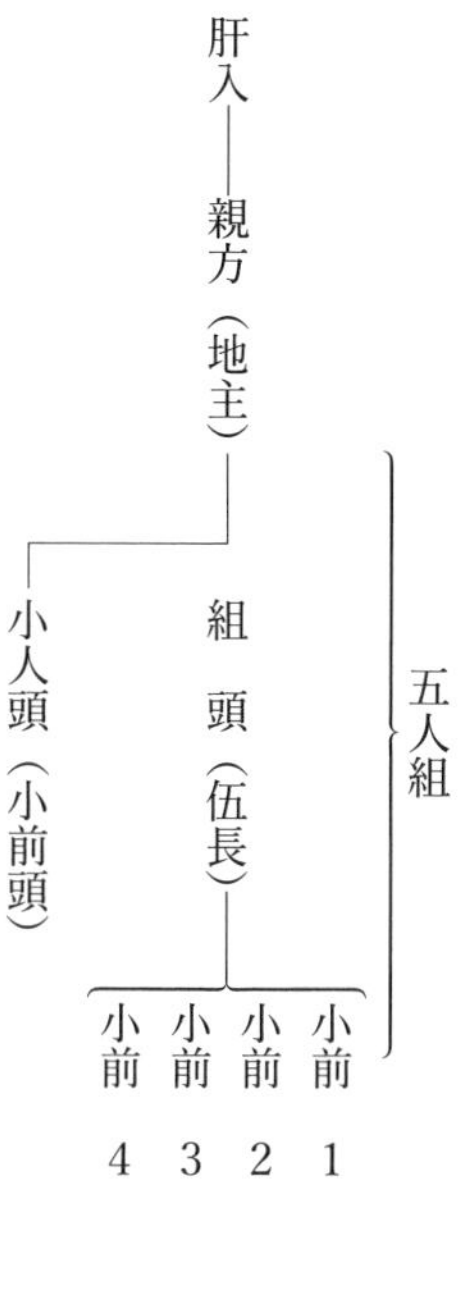

〔註三〕阿仁ことばについて―

大阿仁地方の言葉（方言）は同じ秋田県内にあっても、秋田市や横手、大曲方面とはかなり違っているようである

阿仁公民館長の松田広房氏は「北秋田郡大阿仁村発達史」の中に次のように述べられている。

『大阿仁の言語はおっとりとして情趣豊かである。

語調は緩慢で、辺鄙な土地の悠長な生活のもたらしたものと思う。古語や落武者の面影をとどめる武士言葉も幾らか残存し、アイヌ語も五十語ほどあり、方言は頗る多い。

言語によって先住民の生地、渡来の経路、職業、時代等の一端がうかがわれ、大阿仁の方言の北部山手方面の系統に属し、河川の流域からすれば米代川筋方言中久保田領に属し、仙北南秋語鉱山語の影響も受けている（後略）』

そして氏は現在かろうじて使用されている古語の例を次のように挙げている。

古語　　　　　　　　　語原

はいる（這い入る）――穴居時代に小さな穴の口から這って入った。

よりあい（寄り合い）――神集い。

こが（桶）――すげ筵。

わっぱか――はかは区域の意。田を植えるにも一はか、二はかという。

そのはかを分割して仕事するから割ぱかという。

（参照）万葉集巻四

秋の田の刈婆加（はか）よりあはば

そこもか人のあをことなさん

たもつかる――すがりつく。袂につく、ぶら下ること。

（以下　略）

根子の佐藤忠俊氏、山田長吉氏らは私にこう語った。

「時代の推移と文化の交流に従って言葉もだんだん都会化し、標準化してきましたが、これは当然のことで私たち子供のころに使われていた言葉で既に死語になったもの、或は死語に近く、近頃では殆ど使用されない言葉がかなりあります。

その中に武士言葉がいくつかあります。たとえば私たちの子供の頃は、ヤァと呼びかけ、オゥと答えたものでした。

道で会っての挨拶から会話の冒頭に必ずといってよいほどこれは冠せられたものです。

ヤァ何処サいぐ？

オー　萱草サ。

といったぐあいでした。これは今は使いません。それからこんな言葉がありました。

かんぶん――これは過分の訛ったもので、忝けない、有難う、という意味で、サンキューです。サンキューベリマッチという時は、かんぶんどらや――と云ったものです。

この他に……してほしい。こうこうして下されといった意味で、たもれ――という言葉を使いました。給われの訛でしょう」

阿仁公民館で地方語の研究を続けている工藤由四郎氏は私の阿仁ことばに対する問合せに対して次のように返信されたが、その要点を左に掲げよう。

阿仁のことばの特徴は助詞の使い方にある。

㈠「……に」または「……へ」という助詞は「……さ」となる（これは秋田、山形地方共通のようである）。

例――ここに置いた菓子がなくなった（標準）。ここさ置いた菓子なぐなた（阿仁）。

つまり「に」は「さ」となり「が」は欠字となる。

㈡「を」は省略することが多い。

例――映画を見にゆくところです（標準）。映画見にえぐどごだ（阿仁）。

また「を」は「ば」または「どご」と云う場合もある。

例――花子**を**おぶりなさい（標準）。花子**ば**おぶれ（阿仁）。花子**どご**おぶれ（阿仁）。

副助詞（ふくじょし）「も」が加わると、

例――花子**も**仲間に入れなさい（標準）。花子**ば**も仲間**さ**かでれ（阿仁）となる。

㈢「は」は省略される。

例――これ**は**なんですか（標準）。これなんだ（阿仁）。

㈣「や」は使用しない。

例――帳面**や**鉛筆を粗末にするな（標準）。帳面**だの**鉛筆だの粗末にすんな（阿仁）。

㈤「が」は省略することが多い。

例――猫**が**くわえていった（標準）。猫くっめァでいった（阿仁）。

また「ず」という場合もある。
例——赤の方**が**勝った（標準）。赤のほ**ず**勝った（阿仁）。
㈥「で」は「から」と共に「がら」「がに」という。
例——私**は**あと**で**行く（標準）。俺あど**がに**えぐ（阿仁）。
「の」「と」「から」「より」は正しく用いられている。

副助詞は次の様な用法である。
㈠「は」は「なら」「こそ」と共に「だば」となることが多い。
例——この学校に**は**悪い子がいない（標準）。この学校に**だば**えぐねえわらしえねえ（阿仁）。
これ**なら**うまそうだ（標準）。これ**だば**んめァよんた（阿仁）。
こんど**こそ**負けないぞ（標準）。こんど**だば**負げねァぞ（阿仁）。こんど**だけ**ァ負げねァ（阿仁）。
㈡「さえ」は「しえり」となる。
例——これ**さえ**あれば……（標準）。これ**しえり**あれば……（阿仁）。
㈢「でも」を「だって」と云うことが多い。
例——あそこ**なら**僕**でも**ゆける（標準）。あそこ**だば**俺**だって**えげだ（阿仁）。

㈣「ほど」は「けあ」「ぐれや」「たに」と使い方がある。

例――それ**ほど**でもない（標準）。そん**けあ**でもねァ（阿仁）。

駅まで行くには十分**ほど**かかる（標準）。駅までえぐに十分**ぐれや**かかる（阿仁）。

それ**ほど**残念なのか（標準）。そん**たに**残念だが（阿仁）。

㈤「くらい」を「ばり」という。

例――三歳**くらい**の子供（標準）。三つ**ばり**の子供（阿仁）。

㈥「だけ」も「ばり」ということがある。

例――僕**だけ**ゆく（標準）。俺ゃ**ばり**えぐ（阿仁）。

「も」「ばかり」「まで」「など」は正しく用いられている。

接続助詞（せつぞく）の「と」を「ば」、「とも」を「でも」または「ても」ということがある。

例――わざわざ来なく**とも**電話で話すとわかるのに（標準）。わざに来ねぁ**ても**電話でしゃべ**れば**わかるに（阿仁）。

「ものを」を「やず」という。

例――あんなに見たがってる**ものを**（標準）。あんなに見でァがってる**やず**（阿仁）。

「に」「のに」「ながら」「たり」はそのまま使用されている。

終助詞に特徴がある。

㈠「ね」は「しゃ」と「なんす」になる。

例――あの**ね**（標準）。あの**しゃ**（阿仁）。あの**なんす**（阿仁）。

この場合、なんすの「す」は「し」と「す」の中間音である。

㈡「よ」を「でぁ」という。

例――千円**なら**高い**よ**（標準）。千円**だば**たげァ**でぁ**（阿仁）。

㈢「ぞ」を「じょ」または「ちょ」という。

例――投げる**ぞ**（標準）。投げる**じょ**（阿仁）。

いじめてやる**ぞ**（標準）。ふじゃらんでけん**ちょ**（阿仁）。

「な」「や」「さ」「ぜ」は殆ど使用しない。


助詞については以上のようだが、名詞や動詞、形容詞、副詞、助動詞について特徴のあるものを述べると、

阿仁ことば	**標準語**	**阿仁ことば**	**標準語**
〈動詞〉		かてる	（仲間）に加える
ぼう	追う	まかる	溢（あふ）れる
うろたく	慌てる	ねまる	坐る

阿仁ことば	標準語
あめる	すれる
むずける	ひがむ
こずける	拗(す)ねる
せる	入れる
つちぐばる	かがむ
まかなる	装う
もよう	装う
ごしゃぐ	叱る
〔形容詞〕	
ころましい	逞(たくま)しい
きやねや	たやすい
さつこい	冷い
えじくされ	執念深い
〔助動詞〕	
あばんせ	お出でなさい
こさんせ	こうなさい

阿仁ことば	標準語
こだァけが	こうでしたでしょうか
こだなんす	こうですね
こだべやんす	こうでしょう
あばえ	さようなら
〔副詞〕	
えっちに	とっくに
まるくた	碌(ろく)な
でやめだ	余程
ずっぱり	たくさん
ずっかり	ずっと
えっぺや	沢山
なでかで	どうかして、是非(ぜひ)
おもしか	思いっきり
〔名詞〕	
ののすけ	梟(ふくろう)
はつけた	崖

阿仁ことば	標準語
もつけ	蛙
あずこと	心配
あけぴ鳥	ひよ鳥
がんじょ	駿馬（しゅんば）
あな、あにゃ	兄
あまのさく	山彦
いろは書虫	水すまし
きかず	耳の不自由な人
ぎゃらご	おたまじゃくし

阿仁ことば	標準語
んが	お前
やこと	嘘
やんと	墓地（ぼち）
わらし	子ども
ほけちょこ	鶯（うぐいす）
おもやみ	億劫（おっくう）
こっこ	発音が不自由な人
すが	氷
どってん	びっくり

こういったところで、まだまだ沢山あるがとても書ききれない。前にも書いたようにアイヌ語からきているものも多い。

山ことばについて――

以上のべた大阿仁地区の言葉はこの地方の里で使用される方言であるが、マタギたちはこれらの里ことばは神聖な山では穢れが多いからとして使わなかった。

山ことばを、習いおぼえるのには水垢離をして教わり少くとも三年はかかったといわれる。

現在、七、八〇歳以上のマタギの長老たちは山ことばを沢山知っているが、六〇代に下るともうだんだんに使われなくなったと見えて、それほどには知っていない。

地域的に見ると大阿仁地区でも根子が一番山ことばが残っているようだ。

山ことばを左に掲げる。

マタギ山ことば	標準語
イマ	山
イタヅ	熊
キラ（又はケラ）	羚羊
スネ（又はシネ）	猿
セタ	犬
ノジ	山犬
オオノジ	狼
タカアシ	牛又は馬
ツクリ	草木

マタギ山ことば	標準語
タテ	槍
シロビレ	鉄砲
サッピラキ	談話
スマル	寝る
アマブタ	笠
ワシ	雪
ワシハシゴク	雪崩
サジ	怖ろしい
ナガムシ	蛇

マタギ山ことば	標準語
カツポ	着物
サツタリ（サツタチ）	男根
ヒカリ	銭
シロベ	風
サギ	味噌
クワッキ	妖怪
ハムシ	山の鳥
イラカゴ	胎児（たいじ）
ハツケイ	頭
マヨジ	眼
キバ	歯
スイトリ	耳
キド	家
タタク	槍でつく
スカリ	頭目
ヨドミ	臓腑（ぞうふ）

マタギ山ことば	標準語
マメ	腎臓
アカキモ	肺
オビ	子宮
エカネハムシ	鶏
サジドレ	死ぬ
サヨウ	舌
アブキ	四肢
マワツカ	清酒
クワナカ	御飯
ツム	喰う
ハナカラ	豚
ヒイカア	年より
ムキ	胆
サベ	心臓
チム	食物
チムシブクロ	胃腸

マタギ山ことば	標準語
チヌシ	糞
クサノミ	米
サゼ	不潔
コダタキ	餅
アモ	握り飯
ソツカ	皮
テッケヤシ	手袋
ヌックルミ	足袋
イグス	火

マタギ山ことば	標準語
ヨロ	鉈
ゴス	かんじき
ヤウチ	仲間
ヘラ	女
カツグ	着る
ピイ	肉
ヘモク	剝ぐ
ワバカシ	煮る

こういった山ことばもまた沢山ある。

彼らが山ことばで喋(しゃべ)ったら、それこそ外国人が喋るようなものである。

例——皮へもくたらはやもてこい、わばかしてつむべ。皮を剝いだら早く持ってこいよ、煮て食おうぞ。

〔註四〕唱えことばについて――

○死火産火に会った場合の火戻し（または火除け）の法は、これから入る山に向って次の呪文を三度となえる。

ウミタメ　ソンカンノ　レコンタケ　ハラヒタマヘ　キヨメタマヘ　ワガミ　スナワチ　六根清浄ナリ　アブランケ　ソワカ（檜木内マタギ）

オーサンサン　エーセイメイ　アーソハカ　アブランケンソハカ（阿仁マタギ）

○小玉鼠のはじける音を聞いた時の唱えことば。三度くり返す。

ソッチハ　コダマノルイカ　コッチハ　シゲノノルイ　ブンブキママニクラス　ナムアブランケンソハカ

○クマ穴を見つけ、一人で獲れないときは組員がくるまで穴の口に石をつめ、野宿して見張りをすることがある。このときの唱えことば。山刀を右手で強く押えて、三度くり返す。

オモテノ目釘ハ星王カ　ウラノ目釘ハ大王カ　ツバハ　ハシタノ大明神　刃モトハ白山大権現　サゲオハ薬師ノ十ニンジン　コレニテ我ニアオウ音スル野ジノブシ　ケダモノハタツカラン　ナムアビランケン　ソハカ

○水垢離をとる時の唱えことばにも、そのときの条件でいろいろと違う。浴大きな川で行うときは、ワッパ（飯桶）で水を汲み、それを素っ裸になって浴びる。浴びる順序は、まず左の肩口からかけ、次に右の肩口、三度目は左というふうに浴びながら三度次の唱えことばをくり返す。

ダイカワニハ　ダイシンジン　ショウカワニハ　ショウシンジン　ショウジダイジノケサニナル　ワガミニサンド　アブランケン　ソハカ

この唱えことばは人により、土地により多少異っていて、こういうのもある。

コノサワニムカッテ　ダイシンジン　コウシンジン　トウリシンジン　ワガミニゲンジクレテタマイヤ　ナムアビランケン　ソハカ

小沢でする場合も方法は同じだが、唱えことばは、

コザワノシンジン　トウリシンジン　ワガミニサンド　アブランケン　ソハカ

溜り水でする場合の唱えことばは、

タマリノシンジン　トウリシンジン　ワガミニサンド　アブランケン　ソハカ

水のない場処では雪垢離といって雪で代用する。水も雪もないところでは笹垢離といって、その葉で代用する。そのときの唱えことばは、

コヤマダケ　ネザサ　サネノタマリミズ　ワガミニサンド　アブランケン　ソハカ

○雪崩の危険な場所を通るときの唱えことばは、

マルシテンノウ　ウカスコト　コトバオ　オトウリウチ　オンマチヒカエタマエヤ

ナムアブランケン　ソハカ

を三度くり返す。

○クマを獲ったときの唱えことばは

大モノ千匹　小モノ千匹　アト千匹　タタカセ給エヤ　ナムアブランケン　ソハカ

これを三度くり返す。獲ったクマの皮を剝ぎ、胆をとり、肉を骨からはずすのをケボカイというが、これにも方式がある。クマの体を沢水の流れに並行し、頭を川下の方に向け、そこで皮を剝ぎ、剝いだ皮を体の肉にかぶせる。そして榊をもってケボカイの唱えことばを三度くり返す。その言葉は、

フジトーイ　オンノロリ　ビシャツ　ビシャホジャラ　ホニワ　ニクジリ　ヨーハン
ソーモッコオンパタ　ソーワカ　アブランケン　ソハカ

唱えが終ると、両手で、かぶせてある皮の頭と尻のところを持って上げ、そのまま手を離さずに入れ違えて、こんどは皮の頭が肉の尻に、皮の尻が肉の頭のところにゆくように

してかぶせる。

カモシカのケボカイの唱えことばは、

イッサイ　ニサイノシシ　ウマノケノカズ　タタカセタマエ　ヤマノカミ　アビラン
ケン　ソハカ

ケボカイが終ると持ち串の式というのを行う。くろもじの木を削って串をつくり、三本の串に、クマの心臓と背と首などから切りとった肉をさし、持ったままで焚火で焼く。この焼肉は山神にお礼として供えるものだが、最初の獲物のときは心臓三片、背肉三片、その他三片合計九片をさす。二回目は五片ずつ計十五片。三回目は七片ずつ計二十一片。四回目は九片ずつ計二十七片、五回目は十二片ずつ、計三十六片で、六回目以上はもとに戻る。そのときの唱えことばは、

十二ノ持串　十二戻シテ　アト十二本　タタカセ給エヤ　アブランケン　ソハカ

〔註五〕大阿仁地区マタギで私が取材した古老並にシカリを掲げる（敬称略——今日では殆どの方が亡くなっている）。

打　当＝鈴木藤松、鈴木徳蔵（以上古老）。鈴木寛一郎、鈴木和一郎、鈴木辰五郎、鈴木松三郎、鈴木雄作、鈴木長治、鈴木松治（以上シカリ）。

打当内＝泉　松之助（シカリ）

戸鳥内＝高堰　文吉（シカリ）

栃木沢＝高堰喜代志（シカリ）

比立内＝松橋春吉、佐藤岩次郎（以上古老）。松橋茂治、松橋金蔵（以上シカリ）

幸屋渡＝松橋由造、松橋三郎、松橋広治（以上古老）。

根　子＝山田運蔵、山田長吉（以上古老）。佐藤富松、佐藤徳治、佐藤為造、佐藤倉松（以上シカリ）

あとがき

狩人の生活に興味と憧れを抱いて、私が最初に山里に入ったのは、旧制高校の生徒のころでしたから、今から五十余年の昔です。

しかし、本格的に調査してみようと考えたのは昭和二十八年の年でした。私は最初に山形の狩人の村に入り、次に鷹匠を訪れました。そして秋田の仙北マタギの家に足を運んだのは三十年の夏でした。その年の秋、私は初めて根子を訪れたのです。

早いもので、もうそれから三〇年近くが過ぎました。根子を訪れてマタギの村のルポを書いてみようと決心しました。新聞社や雑誌社だったら人手もあり、機動性もあってすぐにまとまるでしょうが、なにしろ一人で調査をしたり、写真を写したり、石を積み重ねるようにもそもそとやっていたのですから意外に時日を食ってしまいました。

それでも、七年後にこの本をどうやらまとめあげることができました。それというのも大勢の方々の御教示や御援助があったからで、それがなければ非才の私などには一頁もつくりあげることができなかったと思います。その意味で、私は特にお世話になった方々の芳名を記して、感謝の意の万分の一でも表させて戴きたいと存じています（順不同）。

佐藤時治氏　佐藤忠俊氏　山田運蔵氏　山田長吉氏　山田直治氏　佐藤正氏　山田喜一郎氏　佐藤富松氏　庄司文吉氏　佐藤平安氏　松橋由造氏　松橋三郎氏　鈴木寛一郎氏　佐藤徳治氏　鈴木藤松氏　鈴木和一郎氏　山田文男氏　村田佐吉氏　佐藤国男氏　田口徳治氏　松橋広治氏　佐藤岩治郎氏　松橋春吉氏　高堰文吉氏　港れい子氏　佐藤総子氏　山田ふき子氏　山田せい子氏　ほか阿仁マタギ部落諸氏。

相馬謙蔵氏　草薙伍郎氏　相馬和夫氏　高橋信蔵氏　草薙久昇氏　相馬定四郎氏　高橋宇佐美氏　佐藤隆氏　秩父孫一氏　草薙幸雄氏　佐藤昭氏　佐藤三千男氏　高橋竜太郎氏　山手剛氏　田口熊雄氏　高貝勇次郎氏　高橋武次郎氏　西村信宏氏　山手準一氏　北田長純氏　藤沢佐太治氏　藤沢賢治氏　藤沢勇一氏　渡辺綱城氏　武藤鉄城氏御遺族　ほか仙北マタギ部落諸氏。

志田忠儀氏　ほか大井沢地方諸氏。沓沢朝治氏　斎藤善男氏　ほか高畠、二井宿、七ヶ宿地方諸氏。

松田広房氏　工藤由四郎氏　ほか阿仁公民館諸氏。岡本義平氏　岡村裕一氏　斎藤弘吉氏　熊切圭介氏。野口昂明氏　山形県山寺立石寺　日光権現　NTV各位

この方々の中にも既に故人となられた方が多勢居られます。この本を増補・改訂して再出版するに当り、亡くなられた方々の御冥福を祈ると共に、御指導下さった方の方々にあらためて感謝の意を表します。

昭和五十九年夏　青山にて　著者

解説

マタギ犬からマタギその人へ

田口洋美

本書は昭和五十九（一九八四）年に玄天書房「クロスロード選書」（発行＝クロスロード）の一冊として刊行された戸川幸夫の著作、『マタギ　日本の伝統狩人探訪記』を文庫化したものである。実はクロスロード選書版は昭和三十七（一九六二）年に新潮社から5冊シリーズ本として出版された「戸川幸夫野心的書下ろし野性への旅シリーズ」の第2弾として刊行された『マタギ―狩人の記録―』を増補・改訂したものである。

戸川幸夫の仕事、とりわけ本書を理解するには後述することになる『高安犬物語』（一九五六年刊）、『牙王物語』（一九五七年刊）といった戸川の前期の仕事に目を向ける必要があり、現実にあった出来事を取材し、そこからドラマを発見し、組み立ててゆく彼の手法の土台があってこそなのだということが見えてくる。そのような意味で「野性への旅シリーズ」は、実に興味深い。第1巻『知床半島』(一九六一年刊)、第3巻が青森県の下北半島と宮崎県串間市の都井岬を扱った『下北と都井』(一九六三年刊)、第4巻が野生鳥獣の棲息地を訪ね歩くルポルタージュ『マタウンパ』(一九六四年刊)、第5巻は沖縄の西表島を題材とした『原始の島』(一九六六年刊)と、現在ではそのほとんどが世界自然遺産に登録されている地域かまたはその候補地である。今から半世紀も前にこうした地域に足を運び詳細な調査を元に残された自然を舞台に野生動物と人間の関係を題材にしたルポルタージュの群れを戸川は手がけていたのである。

戸川幸夫といえば椋鳩十と並ぶ児童文学作家としても知られているが野生鳥獣を題材とした作風から和製シートンとも評された作家である。特に昭和二十九(一九五四)年度下期の直木賞受賞作となった『高安犬物語』は、戸川にとっての原点的作品であると同時に彼を一躍メジャーの舞台へと押上げ、自然と動物と人間を題材にした野生派作家としての座を不動のものにした。

『高安犬物語』は、山形県東置賜郡高畠町高安で昭和初期に種が絶えてしまったまぼろしのマタギ犬(狩猟犬)「高安犬」を題材に書かれた小説である。その中身の多くは戸川自身の旧制山形高校時代の体験と、当時「クマとり椿」という異名を持って山形県の奥羽山脈沿いの猟師たちに知らない者はいないといわれた椿吉雄氏(本書140ページ、下段写真の人物)からの聞き取りによっていた。『高安犬物語』に登場する吉という猟師は正に椿氏がモデルになっていた。椿氏の家系は自らも高畠町上和田の猟師であると同時にマタギ犬を育てあげるための交配・掛け合わせの技術と調教の秘術を併せもった仕込み師でもあった。戸川は旧制高校時代から上山や高畠近辺の猟師や登山関係者の元へ話を聞くために通い続けていたらしく、そうした日々のなかで椿氏とも付き合いができ、マタギ犬をつくり育てるための仕込み技術の詳細を聞き取り、やがては創作世界の『高安犬物語』のチンという名の最後の高安犬のキャラクターへと昇華させたのである。この椿吉雄氏と戸川の関係については、筆者も吉雄氏の甥にあたる椿勉氏（故人）、武氏兄弟から当時の話を聞いているので確かなことと思われる。ところでこの『高安犬物語』の取材と執筆の過程で戸川幸夫は興味の対象を秋田マタギへとシフトしていくことになる。山形の雪深い高畠町高安で狩猟犬として仕込まれた高安犬は大館や角館にいた猟犬の紹介業者を通して秋田マタギたちにも中型のクマ猟用犬として知られていた。高安犬からマタギへと興味が移っていった当時のことを戸川は本書の中で次のように懐古している。

私がマタギなる言葉を初めて耳にしたのは、山形の高校に学んでいたころだから五十年ほど昔になる。そのころ私は日本犬の調査に夢中になっていて、狩猟犬を探して山形県下の狩人部落（主として南部地域だったが）を歩きまわっていた。私は栗子山麓の和田村で一人のクマ猟師と知り合った。彼はある日、私に語った。

「わしら猟師は、マタギと違ってめんどうくさい約束ごとなんぞないから……」

私はそれまで、奥羽の狩人のことをマタギというのだ、と漠然と考えていた。

それ以来、私はマタギなるものに興味をもった。マタギとはなんであろう？

ある人は言った。マタギは彼らだけに通ずる特殊な言葉を使い、鉄砲一挺、犬一匹を伴として、山から山へ旅をしてゆく特殊な人たちだ──と。

では山窩のようなものだろうか。

ある人は言った。マタギは厳冬の雪山に麻の狩衣一枚で眠る。一日に五十里の山岳を走る──と。

では忍者のようなものだろうか？

マタギという言葉は果たして日本語であろうか？

その語義や語源は？

山民マタギ、狩猟民マタギについていつの日か究めてみたいと思ったものだ。

（本書79ページより）

『高安犬物語』で直木賞作家となった戸川は、秋田県仙北郡の角館周辺や現在の大仙市に足繁く通い、やがて北秋田郡阿仁町の根子集落へと向かう。そして昭和二十八（一九五三）年から十年間ほど通うことになった。そして阿仁マタギの村々を訪ね歩き、冬にはウサギ狩り、春にはクマ狩りへも同行し、村人たちから村の歴史や生活に関する話を聞き続け、通いはじめて九年後に「野性への旅シリーズ」の『マタギ―狩人の記録―』を書き下ろすことになるのである。

マタギから集落の生活誌へ

「マタギ」という言葉が未知のものであったのは当時の庶民も同じであった。

「マタギ」は山の仙人か、とまことしやかに庶民の口から出るようになったのもこの戸川幸夫の著作が世に出たことによるところが大きいようである。またこれ以降、「マタギ」という呼称も世間の言葉となっていった。「マタギのむら」というフレーズが観光化を進める中山間地域のむらおこしにも登場するようになった。実は私の聞いた話ではあるが、阿仁一帯でも「マタギ」という言葉は明治の中頃までは日常語としては使われてはいなかったという。里での暮らしのなかで猟師を指す呼称は「鉄砲撃ち」や「猟師」が主であった。あるいは「山だち（山立、山達とも表記）」とも呼ばれ、特に山や猟のことに優れた「山だち」を「山だちさま」と尊称して呼んでいたという。「マタギ」という詞（ことば）自体が「マタギ詞」なのであって、みだりに日常語として口にすることが忌まれていたのである。

それが「マタギ」という山中の猟場で用いられる語が日常語として語られるようになるのは昭和も太平洋戦争後になってから顕著になったと阿仁の古老たちから聞いた。それは比立内の松橋金蔵氏や松橋茂治氏（共に故人となられた）の話によるところが大きいが、戦中の昭和十年代から武藤鉄城（『秋田マタギ聞書』の著者）や高橋文太郎（『秋田マタギ資料』の著者）らによる伝統狩猟調査が行われるなかで、「マタギ」という語が地域の暮らしを説明するために当たり前のように語られる空気ができたからだという。とにもかくにも「マタギ」という呼称が日常語として日本社会のなかで当たり前に使われるようになってからまだ百年にも満たないということになる。民俗語彙として語られる阿仁地区での「マッパ」や「ブッパ」という射手を指す語も、実はマタギ詞ではなかった。獲物を「撃つ（ぶつ）場所」、獲物を「待つ場所」という意味で単に秋田の方言であったがこれをマタギの独特の言葉だと誤解する人もあった。そこには当時の社会に内在したエキゾチシズム、異質的な異境趣味というものが働いていたに違いない。

　ところで、戸川はマタギという狩猟者のことだけをこの本で述べているわけではない。阿仁町の根子集落を中心にマタギを多く排出してきた旧大阿仁地区の村々を訪ね歩き、さらに鳥海山の南東、山形県境に近い百宅（ももやけ）にも足を向け、さらに県境を越えた山形県真室川町の鷹匠を訪ねてもいる。戸川の筆が及ぶのはマタギの歴史性やその狩猟技術、山の神信仰の実態から日常に至るまで広範囲である。

本書の構成は前半がマタギの世界への導入であり、中盤には「マタギ風土記」、「村の歳時記」と長年にわたってむらに通わなければ聞き得ない話や拾えない日常の風景がこまめに描かれている。戸川幸夫持ち前の観察力と東京日日新聞（現、毎日新聞）の記者時代に培われたものなのか裏付けを取らないと気が済まない性格が表れてもいる。後半の「鷹狩り」がそれである。戸川は鷹匠もひとりマタギのひとつのスタイルとして一括して扱っており、その理由についても書いている。

私が鷹匠——ことに奥羽山中にて実猟をやっている人たち——をマタギと呼んだのは、鉄砲がタカに代わったに過ぎないからである。

マタギには、マタギの組制度があり、山岳宗教があったといわれるかもしれないが、鷹匠はもともと独りで猟にゆくことが多い。それは、獲物を捕える習性の相違からきているもので〝ひとりマタギ〟に類するものといってもよい。万事万三郎の秘巻こそないが山岳を敬い、山神を尊ぶことは同様である。山に住み、山に生きる狩人として、私は、奥羽の鷹匠はマタギ仲間に加えて少しも差し支えないと考える。

（本書249〜250ページより）

戸川は自分自身の得心のいくかたちでマタギに対するカテゴリーを決め明確に述べたの

である。武家や公家といった上層階層の人々の鷹狩りではなく、庶民の生活狩猟への強い興味の現れといっていい。そして昭和二十年代から三十年代初頭に鷹匠が存在していたことへの驚きでもあった。

日光派と高野派　マタギの秘巻

先の引用箇所にも登場する「万事万三郎（盤司盤三郎とも）の秘巻」については本書の巻末の備考にその巻物の書き下しが掲載されている。阿仁のマタギの家系にあってシカリ（猟の頭領、親方格を指す）を務めた家系であればこのような巻物を所蔵することは珍しくはない。また阿仁に限らずこのような巻物は東北中部地方の狩猟に与してきた村々に所蔵されていることがある。筆者は阿仁の関係だけでも四〇本を超える巻物を実見している。

その巻物には大きく二色があり、マタギの始祖であり、弓の名人ともされる万事万三郎が赤城明神の化身とされる大ムカデ（大蛇）を退治した功により日光権現から全国で狩猟をすることを許されたとする『日光派』と、真言宗本山の高野山、弘法大師空海からこの許しを得たとする『高野派』とがある。『日光派』の巻物は「山立根本之巻」「山立根元巻」などの名称が記され、『高野派』の巻物は「山達由来之事」、「山達根本秘巻」などと記されている。「山立」か「山達」かという表記上の問題で派が分かれるのかといえばそのようなこともなく、ものによって表記はまちまちである。

ただこれらの秘巻には巻末に狩猟用具が記されるものがある。本書に掲載されている日光派の「山達根本之巻」や高野派の「山達由来之事」の巻末にもこの用具類が絵入りで記されている。狩猟用具とは狩猟に用いられる道具のことで多くは犬結引縄（現在でいう犬のリードである）、小長柄や大長柄はマタギベラやハンコウスキ、コウスキとも呼ばれるが雪中に用いられた板製のスコップのようなものであり、銃を撃つ際の台にも用いられたためテッポウクシキと呼ぶ地域もあった。タテとは槍先のことである。これは狩猟伝承研究で知られる千葉徳爾も指摘していることであるが、これらの巻物の巻末に記された狩猟用具は豪雪地帯で寒中の降雪期に行われていたカモシカ猟やツキノワグマの穴見猟に用いられた道具類でありマタギのような狩猟集団にとって降雪期の狩猟が特別な意義を有していたことを示唆しているといえるだろう。決して多くはないのだが、巻物のなかには弓矢の図が描かれているものもある。かといってタテと弓矢の両方が描かれている巻物を筆者はまだ実見していない。弘前藩の国日記などの古文書のなかにはアイヌは弓矢が得意であり、マタギはタテを得意とするといった記述が見られ、この用具類の構成がなにがしかの歴史性を秘めているのかどうかは未だに不明である。いずれにしても戸川幸夫は「始祖万事万三郎」のなかでマタギの始祖が万事万三郎であろうことは認めながらも歴史のなかのロマンとして受け止めており、歴史的事実関係とはすり合わずともマタギたちに信じられていることを肯定的に捉らえて持論を展開している。その持論はあくまでも『マタギ―狩人の記録―』が増補・改訂された当時のもの、一九八〇年代のそれであり、現代ではマタギ研究もわずかではあるが当時の知見よりは進展を見ている。なぜマタギと称する集団や個人はこのような秘巻を必要としたのか、その要因である。戸川もそのことに気づき旅マタギという出稼ぎ狩猟のあったことを記しているが詳細な事情についてはたどりきれなかった。ただ、刊行当時、本書はベストセラーとなり、驚きをもって社会に迎えられたことだけは確かである。

二〇二一年八月（たぐち・ひろみ／研究者）

＊『マタギ——狩人の記録——』は一九五八年に新潮社より初版が刊行され、その後、一九八四年には増補・改訂版『マタギ』がクロスロードより刊行されました。本書はクロスロード版一九八四年初版第一刷を底本として、加筆・訂正し、再編集したものです。ヤマケイ文庫化をご了解いただいたクロスロードに御礼申し上げます。
＊記述内容は当時のもので、現在とは異なる場合があります。
＊今日の人権意識に照らして考えた場合、不適切と思われる語句や表現がありますが、本著作の時代背景とその文学的価値に鑑み、そのまま掲載してあります。
＊用字用語に関しては、原文の趣を損なわぬように配慮し、読みやすいように表現をかえた部分があります。

戸川幸夫（とがわ・ゆきお）
一九一二年、佐賀県佐賀市生まれ。動物文学作家。旧制山形高校出身。東京日日新聞（現毎日新聞）社会部記者を経て、文筆活動に入る。一九五四年、『高安犬（こうやすいぬ）物語』で第三二回直木賞受賞。一九六五年、沖縄・西表島でイリオモテヤマネコを発見。一九七八年、第二八回芸術選奨受賞。主な作品に『高安犬物語／爪王』『子どものための動物物語』『戸川幸夫動物文学全集』などがある。二〇〇四年五月、逝去

カバーデザイン　尾崎行欧、本多亜美（尾崎行欧デザイン事務所）
本文ＤＴＰ　千秋社
イラストレーション　小倉隆典（野口昴明氏の原画を元に作成）
写真協力　戸川久美、戸川覚
校正　鳥光信子
編集　鈴木幸成（山と溪谷社）

マタギ　日本の伝統狩人探訪記

二〇二一年一〇月五日　初版第一刷発行

著者　戸川幸夫
発行人　川崎深雪
発行所　株式会社　山と溪谷社
郵便番号　一〇一－〇〇五一
東京都千代田区神田神保町一丁目一〇五番地
https://www.yamakei.co.jp/

■乱丁・落丁のお問合せ先
山と溪谷社自動応答サービス　電話〇三－六八三七－五〇一八
受付時間／十時～十二時、十三時～十七時三十分（土日、祝日を除く）
■内容に関するお問合せ先
山と溪谷社　電話〇三－六七四四－一九〇〇（代表）
■書店・取次様からのご注文先
山と溪谷社受注センター　電話〇四八－四五八－三四五五
ファクス〇四八－四二一－〇五一三
■書店・取次様からのご注文以外のお問合せ先
eigyo@yamakei.co.jp

フォーマット・デザイン　岡本一宣デザイン事務所
印刷・製本　株式会社暁印刷

＊定価はカバーに表示しております。

Printed in Japan ISBN 978-4-635-04933-7

人と自然に向き合うヤマケイ文庫

既刊

- 加藤文太郎　新編　単独行
- 山野井泰史　垂直の記憶
- 佐瀬稔　残された山靴
- ラインホルト・メスナー　ナンガ・パルバート単独行
- 山と溪谷　田部重治選集
- 羽根田治　ドキュメント　生還
- 本多勝一　日本人の冒険と「創造的な登山」
- 新田次郎　山の歳時記
- 丸山直樹　ソロ　単独登攀者・山野井泰史
- 船木上総　凍る体　低体温症の恐怖
- 谷甲州　単独行者（アラインゲンガー）　新・加藤文太郎伝　上／下
- 植村直巳　北極圏1万2000キロ
- コリン・フレッチャー　遊歩大全
- 深田久弥選集　百名山紀行　上／下
- 井上靖　穂高の月
- 白石勝彦　大イワナの滝壺
- 甲斐崎圭　山人たちの賦

既刊

- 甲斐崎圭　第十四世マタギ　松橋時幸一代記
- 田口洋美　新編　越後三面山人記
- 根深誠　白神山地マタギ伝　鈴木忠勝の生涯
- 根深誠　山棲みの記憶
- 高桑信一　タープの張り方　火の熾し方
- 山本素石　山釣り
- 戸門秀雄　溪語り・山語り
- 矢口高雄　マタギ
- 戸川幸夫・作　矢口高雄・画　野性伝説　羆風／飴色角と三本指
- 戸川幸夫・作　矢口高雄・画　野性伝説　爪王／北へ帰る
- 矢口高雄　ニッポン博物誌
- 宮崎弥太郎・かくまつとむ　仁淀川漁師秘伝
- 田中康弘　山怪　山人が語る不思議な話
- 田中康弘　完本　マタギ　矛盾なき労働と食文化
- 西村武重　ヒグマとの戦い
- 萱野茂　アイヌと神々の物語
- 湯川豊　約束の川